抗战记忆

战时记者笔下的中国

杨津涛 编

广西人民出版社

图书在版编目（CIP）数据

抗战记忆 / 杨津涛编.—南宁：广西人民出版社，2017.7

ISBN 978-7-219-10074-5

Ⅰ. ①抗… Ⅱ. ①杨… Ⅲ. ①抗日战争—中国—通俗读物 Ⅳ. ①K265.09

中国版本图书馆CIP数据核字（2016）第263032号

策　　划　吴小龙
责任编辑　许晓琰
责任校对　张莉聆
封面设计　钟　铮
印前制作　麦林书装

出版发行　广西人民出版社
社　　址　广西南宁市桂春路6号
邮　　编　530028
印　　刷　广西民族印刷包装集团有限公司
开　　本　787mm×1092mm　1/16
印　　张　13.5
字　　数　180千字
版　　次　2017年7月　第1版
印　　次　2017年7月　第1次印刷
书　　号　ISBN 978-7-219-10074-5
定　　价　36.00元

目 录

亲历沙场

名将访谈

战场之外

附录

亲历沙场

卢沟桥事件的前前后后

◎朱　复

1937年7月7日，驻扎在北京（时称“北平”）西南永定河上的卢沟桥附近的日军挑衅宛平城的中国驻军，继而展开攻势，中国驻军奋起抵抗，史称“卢沟桥事变”（亦称“七七事变”），中国抗日军队打响了全面抗战的第一枪。本文从新闻报道的角度，记录了卢沟桥事变发生的始末。

朱复，曾任《大公报》特派通讯员。本文曾被收入新声出版社1938年5月出版的《全线血战记》，该书为战时记者在华北、东北所作的抗战报道集。

一、事变的起因

日本在平津冀察要有所行动，在一个月前已经“甚嚣尘上”了。日本要想把华北几省造成特殊势力，所谓“明朗化”“特殊化”还不过是最低的条件，其最大的理想，是先造成一个“华北国”，然后再向长江以南侵占。他们要达到这个目的，非先把北平弄到手不可，而北平因为辛丑条约的关系，又没有这样的容易。去年九一八的丰台事件，就是这个先声，因为丰台是军事要隘，向北可以随时控制北平，向南可以阻止北上军队的援助，可是在丰台的背后，卢沟桥是平汉路的咽喉，也是北平南郊的屏障，由卢沟桥过轨可以直拊丰台之背，在以往，卢沟桥是军家所必争之地，它的重要也就可想而知了。当然日本是抱着必得的决心。

最近冀察当局的行动与中央政府完全一致，致遭日本华北驻屯军的嫉妒，其尤者有下列几点：（一）廿九军成立军训会，聘石敬亭、鹿钟麟等担任委员，实施“国军化”的军事教育；（二）华北各中等以上学校学生恢复军事训练；（三）冀察两省选举国大代表；（四）华北经济开发事项的停顿等四项。这些是造成最近冲突的原因。

二、华北日本驻屯军的内幕

华北日本驻屯军的司令官，过去是香月清司、中村孝太郎、梅津美治郎、多田骏等。他们在华北所留下的成绩，都使国人啼笑皆非。像香月清司在沪战吃紧的时候，在天津唆使便衣队扰乱而由少将晋升中将；中村孝太郎乘长城战争的时候使便衣队捣乱后方也由少将晋升中将；但是我国方面却多了一重塘沽协定的束缚。梅津美治郎是有名的“何梅协定”的创订者，多田骏是华北伪自治运动的发动者，这些人的功绩我们都是知之有素的。

最近逝世的田代皖一郎，是沪战时白川司令官的参谋。城府很深，平时不多开口，据最近日本军部内定，八月里要调回国去了。田代的部下，像河边、和知、松井、牟田口等都属于少壮派，对于田代的命令，不大接受，因为他们知道八月里要异动，如果一些侵略的功绩都没有，好像没有面子，所以卢沟桥的战事是发动了。

至于最近来华的香月清司，他的手段，我们除知道在沪战时曾指挥天津便衣队扰乱外，他并曾帮助土肥原胁迫溥仪去东北充傀儡，也曾逼郑孝胥去担任汉奸领袖，这些都是他的不世功绩，现在他又来了，我们对于他，不能不有“火烛小心”的戒心。

三、廿九军的编制

在冲突发生以后，大家看见日军陆续由关东开来，不下两万人，并且正由朝鲜和国内动员大兵滚滚而来。于是大家对于廿九军的实力，不由得要担心起来了。到底廿九军的内容是怎样呢？我想这是每一个国人所急欲知晓的罢。现在把廿九军的编制和驻在地记在下面：

番　号	将　领	驻　地
二十九军	军长宋哲元	
三十七师	师长冯治安	共辖三旅，大部驻西苑，包括卢沟桥、长辛店、保定、丰台、大名及河北省中北部。
三十八师	师长张自忠	共辖三旅，大部驻南苑、通州、天津近郊，并河北省中南部。
四十三师	师长刘汝明	共辖三旅，大部驻察省宣化、南口、张垣、独石口等地。
百卅二师	师长赵登禹	共辖两旅，大部驻河间、东充、满城、河北省南部。
独立三十九旅	旅长阮玄武	共辖三团，驻察省各地。
独立第四十旅	旅长刘汝明	共辖二团，驻察省境内。
独立第廿五旅	旅长张凌云	共辖二团，驻河北省来源、阜平一带。
骑兵第一旅	旅长张润芝	共辖两团，驻长辛店、良乡一带。
骑兵第二旅	旅长夏子明	共辖两团，驻察省怀来、赤城一带。
骑兵第十九旅	旅长郑大章	共辖三团，驻平南苑。

它的确实数目，我们这里不便宣布，不过廿九军在长城战役中，损失颇大。在调到河北以后，因为给养较丰，补充较易，所以，不但是恢复以前的实

卢沟桥头防御工事内的中国士兵

力，且因士气旺盛，战斗力非常劲强。卢沟桥日军屡攻不逞，新式器械失掉了作用，这些都可以看出廿九军的实力。

四、冲突发生以后

冲突发生后，中日军各伤亡两百余人，中间曾因交涉而一度停顿，后来因为日军背信，冲突又起，三十七师师长冯治安对守宛平卢沟桥的吉星文团长、金振中营长说道："这里就是你们死后的义地，你们必须具与城同存亡的决心，不能退让一步！"这话多么悲壮啊。同时秦德纯也命令县长王冷斋与驻军共同准备殉城。所以几日来，冲突一次，日军败一次，日军的伤亡人数也增加一批，天津的日军医院住不下，而设立了两个临时医院以容纳伤兵，冲突的激烈也就可想而知，廿九军的勇猛也当然令人钦佩了。

日军因为想借既成事实来造成华北特殊化，所以软的硬的手段一一使出来，可是这一次却并不发生特效。虽然和平会议是天天在那里开，可是结果却并不怎样圆满，日军“既然”蒙受了损失，不捞一点便宜是不肯罢休的，于是提出了很苛刻的条件，可是冀察当局却绝对声明不能附政治条件，于是会议陷于僵局者再！

这几天北平的四郊虽然还有小冲突，这些对于这几天的大局，影响极少。至于这冲突到底要怎样才可以平息，那是无从预测的。（按，最近日军已自由行动。）

五、宛平的视察

记者在和平的一刹那，曾到宛平去视察了一下。那里的左近，差不多完全在日军的包围中，记者与同业中的几个人行至卢沟桥与丰台间平汉路的支线涵洞的东面，那里二百多名日军的营幕，附近的高地上都架了大炮，布置岗位，记者等同伴中，有一位日语讲得非常熟练，我们投了名刺（编者注：即名片），经加以说明后，始允我们通过，其他的行人，一概不准通过。在自己的国土，行走都这样的受人节制，并且生命随时在别人的掌握中，可深浩叹！

过了涵洞之后，宛平县城已经在望，城楼上竖一白旗，大概是表示停战的意思罢，走近东门的时候，城墙和城门已经被日军用炮火击毁多处，路上偶或发现平民的死尸，满目凄凉，不忍卒睹！

过了东门，城楼上的保安队，指示我们绕道到西门进去。在绕道的时候，只见田里禾苗完全被践踏得一塌糊涂，零零碎碎的弹壳，满地皆是。在这时候心里真有说不出的难过！

进城之后，城内商店多不曾开门，人民逃出城的很多，城里落下炮弹不下一百多枚，县府几乎完全被毁，因为县府屋上有一根旗杆做他们放射目标的缘故！街道上不大看见行人，只有一些保安队荷枪步行。不知那些穷苦的人家，这几天是怎样度生的。

记者们离开宛平后，沿途颇多感触。这年头，简直不讲理到极点了，抢了你们的东西，还说你错。我想除不顾一切的抗战外，是得不到允平的解决的！

六、结果的预测

照最近的沉闷的情形，谁也猜测不出他的前途结果。冀察当局负责折冲的人，也并不曾有什么明确的表示，只看见报纸上是和平有望，可是日军源源不绝地调来，军用品和飞机坦克车到津转丰台的，多得无从统计。假定和平有望，据我们的观察，这些已来的日军，决不会再撤回去的，因为他们一定借口随时有危险而需要护侨的。

据日本报纸的记载说中央已经有许多军队北开，并且某地的飞机也已经飞往某地，各方面都有相当的准备。蒋委员长对于此事沉着应付。双方都在秣马厉兵，一旦和平无望，东亚的大局，当然也就不堪设想了！

不过在这时候，我们以为对付不讲理的人，绝对没有什么话好讲，这和平的枢纽完全操之于日军之手，他们只要把已开进关来的军队撤回去，什么事情也就完了。像这样一面假意敷衍，一面调动大兵前来，试问这样的谈判，会有好的结果吗？

警钟响了，国人们，奋起罢！记者在这国防的第一线上，希望在战壕里，再能够和诸君热烈地握起手来。（七月十九日寄自天津）

◇ 选自新声出版社1938年版《全线血战记》

血战居庸关

◎ 方大曾

日军自卢沟桥事变后占领北平、天津，开始进攻北平北部的南口地区，汤恩伯所部13军首先在南口布防抗击日军。南口是居庸关南侧的长城要隘，这一带地形复杂，崇山峻岭中关隘重叠，是北平通向大西北的门户。南口战役从1937年8月8日打响，至8月26日我军撤退，历时近20天，虽未阻止日寇的推进，但切实打乱了日寇的作战计划，使日寇“三月亡华”的计划破灭。

方大曾，北平人，笔名“小方”，曾赴绥远抗战、卢沟桥抗战前线采访，任《大公报》战地特派员，发表多篇配有照片的战地报道。1937年9月，方大曾发表《平汉线北段的变化》一文后失踪，成为全面抗战爆发后中国牺牲的首位战地记者。

一、抢防南口

日军侵入平津后，二十九军驻防南口的只有两营步兵，第××军汤恩伯部奉命抢防南口，于八月一日自绥东防次开拔东下，先头部队为×××师王仲廉部，他们于三十日到达八达岭的青龙桥，次日抵南口。将士们离绥东时，大家把自己所有的一切东西全部抛掉了，除了在战场上所需要的武器之外，别的什么也不带，以示决心。没有一个人的脑子里想到抗战以外的事。卢沟桥事件尚

日军攻占南口

在和战不决时，官长们每把“和平”的消息报告士兵们的时候，他们全都不言不语低下头去，最后听到自己要开拔的消息，各个人的精神又兴奋了。南口的重要，谁都知道，绥东的民众送走了汤军之后，大家就彼此议论着：“有老汤——指汤恩伯军长——去，我们就对南口放心了。”

北平美国使馆陆军参赞处随员福兰克·波纳，陪着一位美籍合众社记者白得恩氏，在八月四日这天由北平通过日军阵地到南口来，他们和我们新到的生力军谈话，那位美籍记者说：“来到你们的阵地上，我是很大胆很放心的，但是我害怕到日军阵地去，因为我没有把握他们是否会危害我。”美国武官又诚恳地嘱咐我们：“日本的飞机不可怕，但是你们要小心一点大炮和坦克车。”他们的见地确是很对，以后的战役中果然是如此。我们很感谢这两位“中国的友人”给我们的真挚的鼓励和忠告。

南口这地方，二十九军一点工事也没有作，有的只是民国十五年（1926年）国民军与奉军作战时的战迹而已，不过若是说毫无工事也是不对的，军队驻过的地方总有驻过兵的模样罢了。原有的两营二十九军，调回察哈尔去，新的防地由新的兵士接下来，二十九军的下级官长士兵们，态度行为都非常好，临行时把当地的情形详细地告诉了接替他们的人，他们自己也不能了解为什么自己的官长要下撤退的命令。南口警察局长是汉奸，当我们的队伍一到，他就逃跑了。

车站离南口有五里远，位置在南口的西南方向，车站的西南面是铁路机厂，南面是一座小山头，叫作龙虎台，我们在那里防置了两排人，为南口阵地之最前方，这是保卫车站的第一线。南口的两侧，凸出两座高峻的山峰：这是我们主力阵地的支点，×××团团部设在这里，西侧的山峰叫作双岭口，东侧的叫作马鞍山，从马鞍山更往东去，沿着起伏的山头爬过去，距离十里路的光景，就是关沟岭，亦为军事上的要点，×××团第×营到那里去布防，再由此往东，五里路，就到得胜口，为南口左翼，在纬度上说，位置比南口要来得凹进一点，为通永宁城以达延庆的一条山路，敌人可以从这里抄过我们的后方去，×××团的一营弟兄赶到那面去布防，他们的团部就设在得胜口里面的郭庄子。这样布置把南口正面的战线展开了三十里路之宽。计担任最前方的为×××和×××两团，担任补充的及×××和×××团，他们在第一道线上作工事，×××师的×团人，就全部放在南口山脉上了。

二、肉搏坦克车

八月八日，敌人的骑兵到得胜口去搜索，遇到我们的打击，就跑回去了，这是南口战役的发端。

九日，南口正面的冲突爆发了，敌人的炮火猛烈得比我们的机关枪还要密，我们的前哨，首当其冲的是龙虎台阵地。我们的战士对于炮战有相当的认识，当敌人的炮火最猛烈之际，大家就离开阵地，但这并不是说往后退的意思，而相反的是跑到阵地前面去。炮火之下敌人是不会冲锋的，因为如果那样，他们自己的步兵不是也就同样被自己的炮弹打死在别人的阵地上了吗？我们的人既跑到阵地前面，炮火空空落在没有人的龙虎台上，等到晚间炮火停止，大家又回来，我们所以能这样安全地躲避炮火，得到高粱地的帮助很大。敌人作战的公式，为先用炮火轰炸你的阵地，然后派少数骑兵来搜索，继之为坦克车及装甲车的冲锋。至于步兵，简直就没有和我们见面的勇气。两方面的士气比较起来，实在不可同日而语。比如这次炮轰龙虎台之后，一队骑兵来到搜索，但是他不敢进来，只停在山坡下面，很滑稽地向我们阵地喊：“喂！有人没有？”我们的弟兄都隐蔽在山头上，大家觉得非常好笑，一个弟兄忍不住回答了一声：“没有人！”这个不合逻辑的答复，也不知他是故意和敌人开玩笑呢，还是由于精神过于紧张而不加思考的说出来呢？不管怎么样吧，敌人一听到有人声，吓得拨转马头就跑，拼命地飞奔回去了！

第二天，敌人向南口全面总攻，龙虎台是我们的一个凸出点，所以不能不把那里的部队撤下来，车站和机厂的放弃，是我们早即预料着的事情，我们先在机厂内布置了许多火油，于队伍撤入南口山头之后即由炮位对准了它把火油引着，于是著名的南口机厂即付之一炬了。专门行驶于南口康庄间爬山的七辆重力机车，亦早即开入山中，后来在战况最严重的时间，我们也把它毁掉了，与长城的工程齐名的八达岭山洞，亦遭破坏。

十二日早晨，三十多辆坦克车驶入了南口。应验了美国武官给我们的忠告，坦克车简直是“铁怪”，三寸厚的钢壳，什么也打不透它，重炮打中了它，最多不过打一个翻身，然后它自已又会把自己调整过来继续行驶。只要有一道山沟，它就沿隙而上，怎么奈何它呢？办法是有的，第七连连长带着两排人跳出阵地冲向坦克车去，他们冲到这“铁怪”的跟前，“铁怪”自然少不了有好多窗口以备里面的人向外射击之用，于是大家就不顾一切地攀上前去，用手枪伸进去打，把手榴弹往窗口里丢，以血肉和钢铁搏斗，“铁怪”不支了，居然败走，并且其中的六辆因为里面的人全都死了，所以就成了我们的战利品，两排英勇的健儿虽然死了一半，但我们终于获得胜利，坦克车没有人能驾驶，而又没有那样大的炸弹或地雷将它毁掉，结果这六辆宝贵的玩意儿，在我们阵地里放了两天，终归又被敌人用新的坦克车拖了回去。

三、新的长城

敌人的作战，除了凭依机械的利器外，就再没有其他可以依仗了，他们的坦克车里装载着步兵，直冲入山口，然后出来企图冲锋。但是我们的阵地位置

方大曾在八达岭长城

很好，总是居高临下的，当我们喊一声“杀”的时间，他们又赶忙跑进坦克车把门关得牢牢的，有一次我们七个兵士在山上巡行，恰遇着十个敌人在老远的山坡上偷进，一定是来做侦查的工作的，我们偷偷地追上相隔一个手榴弹抛掷距离以外的地方，遭遇了。我们的手榴弹一掷，虽然投不着敌人，但是那十个小子立刻跪了下来，把枪举起，没有出息地投降了。我们是不杀俘虏的，反之我们还尽可能的把日本军阀侵略中国，而以日本民众为炮灰的大意讲给他们听，并且送他们回去。有一个俘虏，告诉了我们指示日本飞机何处为自己的阵地的标志，后来在南口迂回线上我们就用了这办法，果然敌机就向标志所示明地方投下了一些子弹和一信封，内容写着叫他自己的兵士节用子弹，并谓后方运输非常困难等，彼时的情况是日本已入重山叠岭中，他们的接济都须以飞机来输送。

从十三日起，敌人的炮火更烈，他们把重炮每四个一行地排成三行纵队，四围用坦克车圈起来，以防我们的进袭。一圈一圈的向着南口战线摆列起来，从早到晚不停地施放。我们的工事都是临时掘的，当不起重炮的轰击，兵士们每两个人为一单位，在山石上掘开一个小小的躲避洞，反正你的炮打上，也只能打掉我们两个人。每一方寸的地方都有炮弹落过，他企图将整个的山打平了，进南口的路途上，都是一步一弹，目的是击响我们的地雷，然后可以进袭我们的阵地。每天都有二十架飞机在空中威胁着，但是飞机的力量与作用几等于零，没有一个人怕它，十三军的将士们真了不得！他们奉到的命令就是死守阵地，但是这里何来阵地？一些临时工事亦被炮火轰平，居庸关从今后再也不会看到它的模样了，有的只是由我们忠勇的抗日将士的血肉所筑成的一座新的长城!

四、铁汉之泪

三昼夜得不到水喝，马鞍山上的第四连全体只剩下一个弟兄，但是他还沉着地把守阵地而不稍退；直到我们补充上去的生力军到达了，才把他接下来。一个机关枪连的班长，他指挥着几架机关枪在一座山头上作战，敌人冲上来了，他痛骂着他的机关枪手打得太慢，但随后他眼前的一个枪手阵亡了，他自己就把这架枪接过来，继续着干，一不小心，他顺山坡跌滚下去了，但机关枪却仍旧抱在怀里。他再爬上来，敌人已到面前，他凭空手把一个日本军官的指挥刀夺了来，立即还手砍去，第一下砍到对方的钢盔上，第二下才把敌人弄死。

前面的人快牺牲完了，×××、×××两团补充上去。

敌人没有肉搏作战的能力，只要是面对面，他们十回有九回是要吃亏的。有一次我们十几个人，把敌人二百名骑兵全部歼灭了，他们只仗着大炮，我们也并非没有炮，但是炮弹缺乏，只要放出一炮，他就会对准着你的炮位回敬一百炮。在前线上，许多人的耳膜震破了，枪声根本就被埋没了，说话尽管说，但是谁也没有本事去听到对方的言语。千万人都变成了聋子。兵士们好像是“凶神下界”一样，这样激烈的情势，谁也没有丝毫动摇的情绪，每个人都理智地相信自己，相信队伍，并且相信命令。在从前内战的时代，兵士们拿起了枪，往往是满不理会的瞎放乱放。但是如今呢？谁都知道仔细瞄准，不浪费子弹，并没有官长去嘱咐他们，却全是出于自动的本能。

王仲廉师长，他有强壮的体魄，高大的身量，黑而坚实的脸，师部设在居庸关山洞里，一列火车做了办公厅，他本人和两位旅长四位团长，都在前线指挥，炮弹曾把他的头打伤了，若不是还有一个钢盔戴在头上，就不堪设想了。战争剥夺了他的睡眠的权利，又瘦又黑表现着他是一个为国宣劳的忠勇的将官。

从南口到居庸关有十五里，八十九师一共只有四团人，战至二十日，已不足一团，王仲廉在居庸关把剩余的部队集合起来，再向侵入南口之日军反攻，士气绝未稍馁，当夜又夺回来三个山头。汤恩伯曾苦笑着说：“残兵镇守居庸关！”所以自军事观点立论，居庸关正面之将士，实已无愧于军人对国家应有之职守了。

◇ 原载1937年9月27日天津《大公报》

平汉线北段的变化

◎ 方大曾

日军在占领北平、天津后，沿津浦、平汉、平绥三线扩大侵略。平汉线贯穿北平、石家庄、郑州、武汉4个省会级城市，是重要的枢纽铁路，日军沿平汉线南下，意图夺取中原，进逼华中地区。战地记者方大曾在这篇报道中，真实详尽地记录了当时的危急战况。

刘汝明部以敏捷的速度退出张家口，一下子退到蔚县，又由来水顺流而下，很快地进了紫荆关，接着九月十二日早上，晋军退出大同，当晚敌人“和平”地入了城，于是整个的西战场就这样“大势定矣”。外边长城的里头，里边长城的外头，地理上属于桑干流域的那块肥沃的盆地，连带着她的丰富的煤铁宝藏而沦入敌手！大同失掉，敌人进攻绥远，可以不必再以绥东那条坚固的阵线为对象，而只由大同出得胜、杀虎两口以威迫绥南便成了。长城的建造是为了防御北来的侵袭的，绥远是在长城的北面，所以敌人出得胜、杀虎两口是很容易。大西北的情势之严重是不容忽视的！

敌人的进攻，配合着平绥线的就是津浦线，他的作战策略是颇值得注意的，大体不外专门对着我们防御线之最薄弱的一点予以猛烈的进攻。于是静海、马厂、青县等处的我军节节支不住了。本来平汉、津浦是两条独立的阵线，而现在则变成对立的阵线了，即平汉前方成了大突出形势，而敌人在我们的右翼延展出一条以津浦为依据的平行线，企图沿沧石公路西上，以截断我们的后防，这是所谓外线的大包围战略。我军在这一线上，与敌人继续了一个多月的坚苦的战斗，对方的损失非常之大。举一个小例来说，他们一个师团的骑兵就全部丧生于×××部的包围中了，高大伟丽的日本军马，活着得来的就有二百四。

平汉前方虽然有这样光荣的战绩，但是自桑干河变色之后，敌人进展到内长城的墙根之下，内长城差不多和平汉路也是平行的，这样一来，门头沟以西之斋堂，军尚以及百花山琉璃河上流一带的国军，就都受到腹背的威胁了。自从二百名伪匪军占领张家口之后，是北方战局全部震动的一个关键，津浦线再节节失利，结果使得平汉前方孤立起来了。敌人对这一线取得外线大包围的形势之后，就积极地做内线迂回战，而避免我们钢铁般的正面的劲旅。这一个迂回战，就是从固安县渡永定河，并将固安城攻陷，以下涿县，而抄我后方。

固安县一段的永定河是某某等部新布防的，×××是恰当固安正面，×××则在左翼，即偏一点上游方向。九月十三日，敌军即已有小部分渡河。十四日战争最烈，对方的炮火比机关枪还要密，我们只用守据点的死法子，结果×××之一团人完全牺牲在阵地上，敌人并利用密集的排枪和飞机，向我阵地不断地发放，造成了一层火药的墙壁。我们的补充队伍又上不来，于是这民国二十四—二十五年（1935—1936年）度冬，平津学生下乡宣传，两路总集合地的固安城就告失陷了。固安陷后，敌直逼涿县，以致琉璃河及房山县前方之阵地被迫动摇了。配合着这一个紧张局面的，就是敌方飞机沿石家庄以作强烈的轰炸，各火车站和几个中心地区都炸毁了。

平汉线的情况，是处于非常危急的局面之下，但是危急尽管危急，也不是说就必定会步平绥、津浦两线之后尘。在这里我们也有乐观的条件，也有反面的条件。所乐观的是：第一，平汉线均为我军主力，使我们放心，绝不会那样糊里糊涂的就随便往后退。第二，是第×路军已经开上来增援，内长城线或可保住，而不至于腹背受敌了。至于反面的条件呢，则恐怕敌人从津浦线找到空虚点往西偷袭，而企图截断平汉路沿线的任何一点。其次就是前方的部队，有一部分必须再好好地训练一下，才足以和顽强的敌人作战。虽然这一部分队伍的将士抗日情绪都非常高，但是我们也应该坦白地估计一下自己的力量，虚心的自省。如能压住自己的感情，暂且回到后方加紧作一个短时间的自我教育，再返到前方来，那时自可减少许多牺牲，且予民族以更大的贡献。

（九一八，写于保定，寄自蠡县）

◇ 原载1937年9月30日上海《大公报》

大战平型关

◎ 孟秋江

1937年9月中旬，中国军队在晋东北平型关一线组织了山西境内的首次大规模的伏击战，称为“平型关战役”。9月25日，八路军115师在平型关附近伏击日军后续部队，歼敌千余人，缴获大批军用物资，取得了平型关大捷。作者以一名战地记者的眼光，报道了我军在平型关战役期间的一系列部署和战况。

孟秋江，江苏常州人，1935年和范长江相识，协助其完成西北考察，成为一名新闻从业者。抗战期间，孟秋江先后作为《大公报》《新华日报》记者，报道了南口、平型关、徐州、中条山等战役，发表了一批战地通讯。1941年加入中国共产党，从事统战工作。1949年后历任天津《进步日报》经理、中共天津市委统战部副部长等职。孟秋江在本篇通讯中提出的“记者的道德，即尊重国家和民族的利益，也就是根据事实说实话一个原则”，赢得了广大抗日将士和读者的赞赏。

一、平型关战前行

我虽然是从事新闻工作的记者，但是除平绥路以外的消息，在广播中知道一点，其余和一般人一样模糊，两个月没有与报纸见面了。最近在大营镇军邮业务局读到他们——军邮视察——由上海带来的《救亡日报》和《大公报》，时间虽然已成为过去，事实虽然颇有变化，但是在字里行间，可以找出一个共同信念。什么信念？是大家都能把握住眼前血的事实，激发坚强我们战争的持久性，和以多方面的原因来反映敌人内在的缺点即我们的胜利。这是以笔当大炮来参加民族解放战争的文人，已做到加强战斗员的反抗侵略的勇气的烧火工作了。

我们政府的初步应战策略，是采取“消耗战”。消耗战的最低意义：是以持久战来消耗敌人侵略力量，使日本军阀崩溃。淞沪的战争，确乎运用了消耗战，现在的战局是全面的了，单单靠淞沪一路发挥消耗战的意义，是不是就可以达到目的？是不是单单一个消耗战就可挣得全民族子子孙孙的独立自由？是不是一个单纯的牺牲就可换得最后胜利？假使还须运用第二个战略和更有价值的牺牲来恢复我们以前及最近沦陷的国土，那么，作战地记者的文字兵，应该以事实来暴露我们战斗上内在的缺陷，凡是能给我们知道的，都成过去，公开出来并不能算泄漏军机。以事实宣告我们战争本身的缺欠，使政府人民知道土地——尤其是平绥路上的——怎么丢法？然后可以知道怎样能收回来，不至于错到底。这样，比拿空洞的侥幸希望来凝结抗战情绪要实际有用些。

这次的战争，中国有一定打到底的决心，没有打一定打胜仗的盘算，只是在败中取胜。胜了我们可以不管，但是败，我们不能不弄个来清去白，因为“失败是成功之母”也。中华民族的生死存亡，只看这次仗打好打坏来做决定，每个人都要谨慎小心，不能放纵一点感情。我们上海《大公报》八月十三日的社评中说了一句：“刘汝明不战而弃张家口。”他的幕僚口头说我们是：“挑拨离间。”他们怎样警告，不欢迎，我们不会软化，变更态度。尊重我们报纸的立场，记者的道德，即尊重国家民族的利益，也就是根据事实说实话一个原则。

因为我又要说实话，恐怕有人听了欢迎，有人听了生气，所以不得不把我的说话立场交代一下。但是耗费了读者许多宝贵时间，引为抱歉！就此言归正传吧。

天镇阳高不守，大同只好放弃，所谓“雁北十县”也只好放弃，关起门来死守，无法统治它了！

山西早就是中国的模范省。阎百川（阎锡山，字百川）先生最近在前方犹寄语后方：“将来各省要以我们为模范。”救亡运动公开发迹最早的太原，不时街头上传来雄壮的救亡歌声外，在战争中我没找到一股伟大的民众力量。敌机夜袭太原，一样有汉奸放信号枪。

政治趋向新的太原，新闻统治比别处还严厉，把消息滤得一点精华没有，恨不得把新闻记者饿死。这些地方，令人非常失望！

守雁门关，是阎百川先生的杰作，但是新闻记者会找问题。对雁门至娘子关一千公里的防线，哪一处是敌人的攻击点，预先不认真地研究讨论起来。×××、××两位先生担心繁峙灵丘的平型关，×××先生是五台山人，这一带地方有过他的战斗史，所以他对这里地形特别熟悉。

“九一八”的前几天，蔚县、涞源、广灵和浑源都落在敌人手中，只有灵丘还是我们的，但是总免不了发生问题。平型关上的战事，可以预见的，而且定是继南口之后最壮烈的一幕。这样的形势下，平型关我是非去不可。

“九一八”纪念日的清晨，我踏着五天前走过的路倒退走上大营去。山西盆地上的景物依旧，可是雁门关外却是另一种世界。在南口为国牺牲的英雄，今天他们的悲愤，我想比我们要沉痛十倍！

这是一个大的战争。一切交通工具，都归纳到战争里去活动，但是有许多汽车来的或去的空着开。运输机构没有一点组织，伤兵或传送紧要公文的传令兵，要求搭坐，车夫骄矜地飞快把空车开走，好像他负了什么万急的任务。

由蔚县退下来的×××部，偏偏与我相遇于途。因为涞源路断，所以取道山西转赴津浦路，行程相当远。可是他们都很幸运，每个兵都有一匹马或一匹大黑骡骑，还跟着几十辆三套骡子拉的大车，后面还扣着三匹或二匹预备替换的牲口，车上除了很大的铺盖卷外，没有一些军用品。这许多的车骡，都带有农村的风格，可是看不见一个农夫在服役和经管着。被雨打湿了的路面，经过这许多车辆压出两条很深的辙路，本来不好走的公路，越发崎岖。

我们的飞机，翱翔雁门关上空了，恢复了我们在太阳光下行动的自由。每个人的生命都有了寄托，放射着欢欣的眼光，向低飞的我们的神威的空军行注目礼，表示欢迎。

先一天敌机各处乱炸，沿路卖小吃的商贩也逃得不见踪迹，冒着炮火旅行的行客，受到极大的困难。小镇小村如此恐慌，大的繁峙也一样没有市面。九月十九日午时，城里大街上一所破庙的戏台前，站着几十个民众听县长报告前方消息：

“广灵给我军克复了，你们不要听信汉奸的造谣。”

这是官方消息，但是我到大营听到敌人由广灵方面向我军进攻。

又听见县长说：

“有车的不拿出来供差役，就是汉奸，你们可以把他们捉进当汉奸办。”

出了繁峙城，向东北走，与五台山成平行。因为前晚上大雨，五台山的最高峰堆起一层薄雪，似乎向前方战士送信，寒冬将到了，快些准备棉衣，否则方届中秋，怎会早早戴起白帽子呢？一片青绿的原野，有一个白的山顶来陪衬，更显得我们自然的美丽。

到了大营，大营镇的九十四军军邮业务局局长濮存宏先生，他是我们大同退却中的患难朋友之一，仍于战地再遇，而又逢中秋佳节，他特别欢迎。同时还有五位新由失地退出的军邮工作人员，他们自己要求分发到第二战区工作，他们在上海舒服惯了的，但是都很勇敢地在炮火连天的前线，传递与战争有关系的机要公文和战斗员的家书，不听到敌人的炮火不离开工作。张家口退却时有一位邮差被敌人打死，行李丢完。夜里一条毡子，或者一件大衣当被盖，他们都是很高兴的。

他们得在前线工作，神情的兴奋，好像战争获得最大胜利，欢喜非凡，希望把六年来寄不出的信件，随军送出山海关。可是旧的没送掉，倒反积存起许多新的无法投递信件。同时大营是军邮递送的终点，涞源、广灵、灵丘等县的邮件都退到这里来；还有许多找不着位置的军事邮件，够上海风度的少年局长麻烦了。因为我们的作战部队，不知道战区的邮政局军事化了。

大营去平型关有三十余里，平型关没有部队驻守。听说×××先生在赵壁村，离大营九十里，和去平型关同一路线，不过不出平型关出关沟。一条去灵丘的公路也是由平型关后面出关沟，翻开普通地图看平型关是军事重地，但是自从有了公路后，平型关的重心，实际上移转到关沟了。

我骑着小毛驴走在这条相当平坦的公路，觉得非常宽敞，只遇到二辆军用载重汽车。因为火线没逼近此地，所以还能看到安静的乡村秩序。

我的驴子，兵站上代我雇的，同伴而兼向导的王参谋，骑着一匹老马前面走，驴子怎么也赶不上，空气甚为沉闷。驴夫猝然问道："大爷！早晨你吃饭没有？昨夜区公所发给我们一升小米，五个人喝了一顿米汤。"意思问我要饭吃。农家习惯，早晨必须吃饱了才工作，如今要他"枵腹从公"，自然要提出质问，也许他看我不是军人。于是他被我注意了，和他谈家事。

他告诉我："我兄弟两人，哥哥是傻子，近顷的田地，都靠他一人耕种，年将而立，都没娶媳妇。七十多岁的老娘做饭我们吃。我上午种黑豌豆，半路被拉去应差。这头驴子出二分利，借了五十元买回种地的。我的老娘听说我被军队拉去了，日夜哭哭啼啼，不吃饭，像疯子一样。大爷！把你送到了，求你写个字放我回去看看我老娘吧！"

我接受他的要求，他有点不相信，又重复要求："请你写个字，好不再给他们拉去。"他非常爱惜他的驴子，它虽然落伍，我也不忍心鞭策它快走。

走上山坡，一辆小汽车追上前去，但是坡大车老，需要休息再走。有两位军官下车，我弃驴跑步前去，投问请教，希望在他们谈话中知道一些前方消息。他们也是去×××那里代表××军长传话，有一位问："假使出了危险，你们报馆里负责不负责？"意思是怀疑我的问话，我遇到不止一次了。

循着公路下坡，就是关沟。向东翻过山头即平型关，东跑池就是这里，往后看第四个山头就是西跑池。东跑池右面的高山尖，就是一八八〇高地。

长城倾圮不堪，大致留着一点痕迹，东西向地睡在山石里。

二、赵壁村前线的一夜

出了关沟，情境就不同了。

修筑在山坡上的村落，已经打过了和尚未打过的小麦秸，凌乱地散在各处。菜籽在地上经过雨水的浸润，已发了芽生了叶，又回返到它的童年时代，遭遇到极大的变化，才如此凄凉。不少的汽车夫要在一家院落内做面片，煮马铃薯吃，水无法解决。走到尽头，一位老年人哼着微弱的喘息，他自称已八十余岁，三天没有喝水。平素他们怎么生活的，我没时间来追究。

无人的地方一切东西可以随便分配，田里的高粱黄豆，马夫把它拔来捆载去当草秣，他们不想一想明春的食粮就是它。

一对四十岁左右的夫妇和一位中年妇人，我奇怪他们所带的东西。一只大水缸，男的驮着，两只瓦缸，一套小蒸笼，一小捆破絮，他们二人分拿着。我问他们到哪里去，他们说："逃难去!"

公路转入深而狭的山洼里，在一个转角处，放着三四十个地雷壳。

走完了山沟，穿过一座村子，公路就沿唐河前进。这时有三架飞机向北飞去。到河南镇要和公路分家时，有一架飞机向南飞回去。向北行，渡过唐河，先走乡村小道，再越过两大河流冲刷成的高原，然后溯滹沱河上游，将近恒山南麓的庄子，就是赵壁村。

太阳下山了。赵壁村附近的向日葵，都转过头来朝着东边等待明天的太阳。山上茂郁的翠松，和横岭城一样可爱。

×××先生在怀来汤恩伯先生处分别后，至今刚刚一月，见面后倾谈一月中西战场的变化，彼此都是风云中人，说来不胜感慨!

早几天的浑源广灵方面的退兵，经过这里，把赵壁村的民众都吓跑了。×××的司令部移住此地，没有一个民众，感到很不方便。军队不能离开民众的，于是派副官出去寻他们回来，等了三天，找回三四十位壮丁，组成一个村公所来应差。只是应差，不要他们供应，先借给他们几百块钱做资本，开设消费合作社，大多关于嘴上的消费，市面慢慢有点转机。

×××师退出察哈尔时，在沙城打过一仗恶战，开到晋北，在火烧岭上激战两日，伤亡很大，阵线没有动摇。当时的阵势，我们可以把浑源广灵做中心，说出一个大概来。浑源在广灵之西，火烧岭在浑源的前方，×××师的阵地，广灵东西的洗马庄是×××师的阵地。因此火烧岭与洗马庄，成一个北到东的半弧形。广灵南偏左是直峪口，直峪口之南是灵丘，浑源南偏右是上林关，上林关后面是海子，海子后面是赵壁村，赵壁村在灵丘西的左前方，相距四十余里。

敌人在八月十二日攻击火烧岭，不得手，十三日向右迂回攻击洗马庄。七十三师不支而退，敌直逼峪口，×××整个被包围，不能守火烧岭，撤守海子，与直峪口对峙。司令部设在赵壁村。

我们正讲着火烧岭所以退的原因时，前方旅部来电话报告："我们的三架飞机在敌方阵地侦察扫射，飞机太低，一架被敌高射机关枪射中油箱，降落我方阵地。一战斗员乘降落伞安全落下，已派兵护送师部。"那位驾驶员的生命是否安全，没有说到，我们非常挂念他。我们在西战场上初次听得我们的飞机向敌人袭击与出险，精神上起了两种感情：兴奋与惋惜。

"我们勇敢的空军战斗员来了！"×军长很远地去迎接和慰问。他叫麦振雄，广东人，能说可以听懂的北方话。

他很庆幸而兴奋地说了许多我们空军可惊可喜的事迹，但是他没有到过北方，对地理不甚熟悉，所以说不出他们扫射敌人的地方叫什么名称。敌人都没戴帽子，四架机关枪在飞机上，飞过来、飞过去的扫射，能幸免的很少。他说到这里更加兴奋了，明天要赶回部队继续工作。

外面的电话机上传出了灵丘失守的消息。灵丘在赵壁村的右后方，这样又来了一个包围。降落下的飞机已被敌便衣队破坏，飞行员没有遇害，回来了。

通知前方部队赶快撤至最后防线——团城口到平型关。

三、团城口战前行

团城口这条路，事前没有打算走。

原来计划到了赵壁村，去前面二十里远的×××师正面阵地视察后，向右翼前进至×××师的阵地。独立第二旅的阵地，因为每次阵线动摇，总是他们的一面，先被敌人突破，影响全线，所以由战区退出的一般人都说："××队伍一点不经打!"我想亲眼看看他们究竟是经打不经打，看完他们，再去八路军的游击战区观在国内实习的十年的游击战，因为一般人在希望他来恢复西战场。

××先生明白对我说过："一般人都把我们看作三头六臂的天神天将，其实，我们和常人一样，两手两足，不吃饭肚子饿。不过，我们可以自信的，对抗日战事抱定牺牲的决心，发动我们有把握的游击战，但是必须有决心牺牲的主力与我们配合。因此要训练我们八路军能打阵地战，才能充分发挥我们抗日的力量。"

不等我走这些地方，二十一日两晨间，赵壁村村公所的壮丁，把借给他们开消费合作社的资本送回副官处。很厚一堆法币的递交，表示赵壁村军民合作关系的断绝。

大家知道要向后开拔，很早就吃饭，马匹都拴在外边，一切的神色都可看到动的形态来。副官传令兵是这个场合里最活跃的人物，同时也是最辛苦的人物。

不是急行军的退却，所以动作中没有一点慌乱。一条人和马的行列走出堡子的西门，可以数得清的寻回来的民众，斜倚在门框上目送我们。他们只懂得开走，不知道什么退却，更不会知道我们走后是什么人来。

在过去内战中，曾用过什么"焦土""坚壁清野"等战略。这次对外抗战，平绥线上的退却最多，每次大的退却中都有我，我没有看一次在军队里有民众跟着退却。把房屋、食粮、民众丢了不管，甚至一个水源都不破坏，敌人来了，什么都方便，到处有民众给他压迫做汉奸，到自己家里来捣乱。我们希望政府赶速对因战略关系，不得不退的战区有个事前的处置，宁可忍痛牺牲，不教敌人有利用我们错误的机会。

昨天溯滹沱河上游而来，今朝又循着它回去。广宽的砂河床经过多少年的冲刷而成，它始终还在冲刷。我们群众的组织力能像砂河一样坚韧努力，已失去的土地，不成问题，还是我们的。

我们走捷路，有时在干河床里走，有时越山梁，跨上马背。除非马走不快，否则没有人愿意落伍。昨夜的空军战斗员麦振雄先生，他坐飞机比我们有经验，可是骑马不及我们了。一匹忠实的马，它似乎也知道我们空军人才缺乏，很小心地驮着麦先生走。

究竟是山间僻道，来往的人少，庄子显得很安定而富有。不像我昨天在关沟外面一个小村里，要煮稠一点的稀粥的小米都买不出来。

路面窄得只能踏两只马蹄，一匹跟着一匹走，不容你抢前，也不容你落后。爬上山顶，前后左右，山陵纵横，可是没有一个堪充要塞，屏障平型团城两口。临高瞻瞩，赵壁村前山上的松林与我们对峙，大家回转头来做最后的盼顾。

山坡上的农作物，都到了收获期，只有黄豆还娇嫩不老。可是不知哪一天的雹子重重地把它们打了一顿，个个受了重伤，像懒媳妇的头发一样眠倒在田里。

横渡了滹沱河，慢慢地又走入窄山路了。天下雨了，雨点打在扣马缰的手背上，积成一股小流水流进袖口里。忽而又红红的太阳照着铜板大的雨点打我们，半空中的雨点，像万条银丝下垂，煞是好看。

翻上一座大山头，接着就是下坡上坡。坡上的缺口处，有像城门的小屋和墙墩，左右的山头上还可以看出不整齐的长城来。这个城市就是团城口。当我们将上坡时，山头上墙墩上站起了几个守兵，喝令查问。我们停止前进，派人去答话。两个兵向旁边站开，我们继续上坡。假使我们是偷关的敌人，这不到十个的守兵，都可以成为我们的俘虏。

地势并不算恶劣，但是，仍旧是多少年前的老样子，就是尽人事的戒备也没有。这是黄河北岸雁门天险的一段，转眼就要用到它，尚如此松懈，我看了，替雁门天险寒心，因为这些小口子足以破坏它的命名的。

下了山，出了山沟，我们的马就在灵丘的公路驰骋了。遇着一群骆驼，教我们又想起了因为没有牲口驮运而丢了的五百袋面粉。运输机构的不健全在这么大的战争中，影响甚大。

预定的住处是杨家庄，在军用地图上看得很大，到了实际一看，是五六十家组合成的小庄子，要找大一些的村庄，才能容下×军的司令部。副官们另外去找人，我们在此休息，向百姓买西瓜解渴。百姓说："没有。"再三说明给他钱，才回去抱了两个小西瓜。他恐怕队伍上的人不好伺候，先说："没有好的，没有好的。"不管他好坏，一角钱一个，再向他买，他拿出四个来，仍是一角钱一个。他觉得太多，要退还我们。我觉得接近民众，先要使民众相信。

移驻新阵地，房屋的征用和分配，都是副官的事。决定了，用白粉在门上写个暗号，各部门的人，照着所指示的暗号住进去。

"这下可以休息休息，把骡子马喂养肥。"×军长还未去下台堡时这样说。

下台堡离大营十里，离团城口三十余里，离东跑池二十余里。

四、×××师残兵血战

大家给战争累了，不是他们怕战，实在是不彻底的战争，不能给他们痛快拼杀的机会，下台堡是最后一条边线，退没有退法，在这里总可以住上十天半个月，抽个空儿写封信到家里去，教父母妻子不要挂念他。战事不完，就是不死也不能回家的。

八月二十二日一天没有战事，各部队才撤退齐，在团城口一带布置新阵地。这个战场的地形，我可以简略说出它的方位来，要问准确与否，我没有测

平型关战斗中，我军某部的机枪阵地

量过。且以南北的平型关为中心，关沟在平型关北，稍偏东，距离十里左右。团城口在平型关西北，距离在四十里上下，成一个锐尖角形。东西跑池就在这个尖角形里。

东跑池在公路旁，一共有三个高山头，近公路的一个最高，军用地图上称谓："一八八〇高地。"中间一个比较低些，第三个和一八八〇高地差不多高，可是山头有剪刀形的缺口。这个缺口前面有一条黄土梁，好像桌子旁边有张凳子。

常时防务的分配是这样的：团城左翼五合口以西是×××师，团城口以东正面是×××师，右翼由公路起至平型关是×××师，独立×旅二旅，仍旧是火烧岭的原阵容。敌人的战术，仍旧是攻南口的老调，先当头一拳，打不倒，然后拦腰一脚。而我们呢，始终抱着头听人家打，有时候抬脚踢人家几脚，但是两个手抱紧头，不能帮着打。

九月二十二日，×××师由蔡家峪撤退，敌人循汽车路跟追。×××师布防新阵地后，清查阵地至公路，公路没有破坏，即派队挑断。晚上十一时，敌人追到，就在公路上接触。战车过不来，敌人向右面山中移动，占黄土梁，进攻×××师的剪刀形山头阵地。一八八〇高地空虚，公路没有人控制，×××师的×××团赶快抢守，从此×××的防线跳过公路。联军在一条战线上作战，尤其是取守势的，更应相互照顾，没有彼此观念，合力灵活应付，以整个整线，不使敌人有突破的空隙，这样才能多守几天，多对敌人打击。因为战争取守势最难，取攻势牺牲大，但是要遇到有决心死守和内部健全的对手，才有很大的牺牲。

山中一夜鏖战，敌人想占领东跑池，突破了这一点，雁门关的天险就宣布破产，整个的山西动摇，影响全盘战局。×××先生说："这真的到了最后关头。"不幸得很！剪刀形的山头，终被敌人攻破。阎锡山先生悬赏一万元恢复阵地。×部用奋勇队五十名冲锋，再协同独立×旅助攻，几进几出，最后一次×部一连长奋身直冲，两颗手榴弹，左右交掷，敌兵溃散，我军乘势冲去，剪刀形的山头又是我们的了！这是二十三日上午九点钟的事。

清查人数，官长中有团长营长受伤，还有一位营长阵亡，奋勇队所余无几。×××师经过沙城、火烧岭两役，伤亡很大。

把山头夺回了，东跑池的战况和缓了。团城口攻起来，前面路狭，坦克车上不来，炮还是能运来。左翼一九八〇高地也有敌人猛攻，全线有战争了，只有团城口东跑池中间没有敌人。

山地作战，最费兵力，地形起伏，监视不易，兵力延长，则有利于敌人攻击。同时在石山上临时挖洞掩蔽，总是藏了身子，藏不了头，敌人的炮火打不中，往往被石块打倒。

我们的仗，打到现在还是挨了打再还手，总没有我们要挨打前先还他一手，这是有决心牺牲的军人引为气愤的事。以前守不住向后退，退了再退，现在退到最后一条，再退没有退处，不想法给敌人一个打击，这个山头还是危险。×师的两位团长和×旅的团长商议出兵，这个局部的动作，出去很顺利，把敌人打退了十余里，机关枪得了六挺，还有其他的战利品。下午四点钟，敌人以倍我的兵力反攻，我们受重创，退回原阵地。

敌方的生力军增援，战争愈战愈烈。我们的炮兵这次发生很大的威力，因为敌方的炮不多，敌方的炮对准我们炮兵阵地轰击，迫击炮不遑掩体，马上变更位置还击。敌方冲锋，迫击炮像唱独角戏，正射侧射，每次总是它压下去。

全线的兵，好像栽的葱，栽上就拔不下来，不管打得激烈不激烈，每次大家要死几个。一夜一天的拼杀，敌尸躺满在山谷。距离太近，他们一有动作，我们的机关枪就咯咯咯地扫射，他们无法来拖回这许多尸体，但是我们的伤轻的自己走下去，重的等人来抬，死的陪着活的来死守。早晨报告×军长，军长向×副司令讨兵增援，援兵要明天上午十点钟能到，后面山头上的兵在做工事，可以借来救救急，但是要他们长官的命令。兵增不上，迫击炮弹也不送来，七九尖头步枪子弹向别个部队借来了五千，这样，今晚要出危险！

团城口，敌人攻得厉害，把剪刀形山头上的兵调增团城口，剪刀形山头完全交给×××师。

四点钟过后，饭吃饱了，士兵的疲劳也休息过来了，最激烈的攻击多数在这些时候。将近黄昏，烟雾凝滞在半山谷，五十米远之内看不清敌人的动作。这是最使守兵见了头痛的环境，唯一的办法，只有多派些兵监视，戒备敌方的袭击。

敌人不会放弃好机会的，坦克车不能活动，每个敌兵一手拿挺机关枪，一手拿面小旗，利用烟雾的掩护，像野兽一样爬近我们的阵地。我们的士兵不等他上来，手榴弹早就脱手。有时候，距离太近了，手榴弹丢中敌人，药性还没爆炸，敌人又把它摔回来。攻得激烈，抵抗得更激烈，因为这条线万万失不得。援兵明日就可以到，这一夜怎么也要撑住。迫击炮连的连长，炮弹打光了，抱着手榴弹上去，把手枪当着手榴弹丢了出去。

二十四日这条线上还是×××师×××师、独立×旅×旅守着。

五、×××督战迷回村

“危险的昨夜，总算度过。”二十四日天明后的人们都有希望的庆幸着，盼待“十点钟”到了，更可放心！因为援兵要十点钟能开到，要想快些输送给养子弹和伤兵到前方后方，向行营请拨三辆汽车，行营竟拨不出来。大家并不觉得奇怪，唯有对于“十点钟”不能马虎。

紧要关头，不能差一点。前方来的电话，总是：“敌人攻得厉害，某某营长连长受伤阵亡，援兵到什么地方?”

我过了“十点钟”到司令部，踏进门槛看墙角里六挺机关枪并列架在地上，还有几条步枪靠在墙上，弹夹油盒子堆成一堆。高喊“战利品”！政训处处长宋文彬先生要笑不笑地说：“新闻记者有材料了。”回转头来一看，每个人的脸色，不像得了敌人六挺机关枪的神气。×××先生由床上站起来，对行营派来联络的科长说：“要我们支持一天一夜，到了时候，仍旧一个兵没有，一颗子弹不来，尽是灌迷汤的话：你们很辛苦，我们知道，请你们多多的努力。把兵打光了，拿什么来努力?”屋子里的空气更为紧张。好像敌人又来进攻。

负联络使命来的几位科长，自己觉得不成话，向×副司令告急。一口山西话，说了半天，没有说出一个结果来。

“这算打的什么仗？一个高级指挥不能说电话，前方情形不清楚，又拿不出一个办法来。和他们在一块作战，总算倒了霉!”虽然是气话，倒是实情。

“他们的兵可以不来，我们的仗倒不能不打，上前面去看看。”他好像很对不起部下，只有自己上前去镇定镇定士气。

一个军长亲临阵地指挥，确是震动三军的事。沿途的士兵，好像耗子一样，很远地跳下马背，规规矩矩地敬礼。

走出村庄，就看见火线下的情形。送子弹回来的牲口，一面粉袋的烙饼，半汽油桶的小米汤，伙夫挑上火线，后面一个武装同志押着。还有一位士兵肩上挑着乡下人晒粮食的木锹，前后挂着四五个大小不一的瓦罐，也向火线上送水。穿草绿色军服的伤兵，为了他的光荣的创伤，用各种的式样倒在路旁，等候救护，鲜红而热烈的血花，自伤口渗出布面。他们靠在一条战线上的同志搀扶他们下来，他们的任务还没终了，不能远送，到此都回火线去了。

一个伤了的英雄，他问我："大营有纸烟买否？"偏问到不吸烟的我，否则或者可以先送他几支。我回答："有！"但是我不能告诉他："很贵啊！八分钱的货要卖两角了！"使他伤心，转而恨到山西商人总是唯利是图。烟草是我们士兵生活中唯一安慰者！

一辆庞大的救护汽车，沿途收运伤兵。在西战场上我初次看到优待伤兵，但是，在南口山里许多不该死而死了的伤兵，因为没有它。

迷回村，在东西跑池后面的一座土冈上。×××旅旅长×××、×××旅旅长×××在这里指挥。敌人企图再攻剪刀形山头，我们的炮先予射击。声音沉重而听不到炸裂声的是我们的炮，一个兵向我们解释。

火线上的团营长来电告急，旅长没有办法，请军长和他们说话。军长讨不到救兵，也是没有办法，但是可以命令他们一个最低限度的战法。"别处给敌人突破，你们不能动。还是死守抵抗。打完了就算你们达到了任务。"

命令只管这样下，办法不能不想。打电话给大营×××师×师长，请他派些兵增援。师长要和司令商量，再打电话给×副司令，说前方实在危急，支持不了，答应派队增援。

听到派兵增援，大家又是一个脸色，勤务兵走路要快三分。旅长向军长报告两日夜的战斗经过，说到连长伤亡完了！团营长都有伤亡，×××旅长的眼泪不由自主地往下掉。他不是痛惜实力，是伤心他的部属这样的牺牲了，没有多大价值！同时地方军队不能为地方牺牲，反而为抗日战争前途增加困难，也是使他流泪的事情！

我们的炮又开放，敌人的炮还击。起初是一去一来的轰击，后来是不断地对击。以后分不出谁的炮声，只听见轰。机关枪也是这样，我们的咯咯咯，他们的轧轧轧，声音比我们的响亮。在土岗上可以看见，敌炮的落角和石片与烟

在太行山中的日军辎重队

尘的飞扬，轰的一声，空中显出一球白烟的是我们的空中炸。炮声稍为稀疏，机关枪声格外稠密，这是敌人向我冲锋了。以后只听见手榴弹的炸裂声，白烟冒出山头很高，好像寺院里的香炉。有一刻钟的工夫，声音停止了。敌人没有攻上，败退了！

下午三点钟，敌人又这样的来攻，但是敌人的身体比以前的结实，才知道以前的不尽是日本人，多数是我们自己家里人，蒙古同胞。你看汉族有把回藏两族来放在炮火前牺牲的吗？

我们在土岗上休息，下面土围墙里拴着一只日本军马，是前天俘虏来的，枣骝色，身段很高大，可是瘦骨嶙峋，比我们的马还瘦。总算战事才两月，他们的马都如此瘦法，其他可想而知。平绥路上的军队，个个像十三军死拼，哪有他们的便宜事。援兵到了，可是上不去，告诉他不增加兵力，这战局支持不了，他的任务是出兵，溃下来他也不能增援，盼待了半天的援军又成空想！

团城口战争激烈，连长负重伤，无人指挥，阵线几乎动摇，要求火速增加兵力，不增加就是全死了也不能保全阵地。事情为难了长官，长官不能再说无办法，更不能说援兵到了，他们不肯上去，于是派骑兵增援上去，大概是两排人的样子。五分钟人马都下了土岗，骑兵不能作阵地战的，但是只好凑上去。

许多人对战局前途悲观，反背着手在屋里打转，想不出×军作战心理。一位便衣队长进来报告，他在山头上看见敌人沿长城内线向右移动，快点通知右翼注意，不要又钻到我们后方来。本来他的舌头有些毛病，心里一急，说话格外不清楚，但是从他的举动上，看出他的忠勇来。

告急乞援的电话不断地来，×旅长命令他们："拿起昨夜的精神来死守！"我们也就离开迷回村，愿意看着阵地动摇的×××旅长的部队，向迷回村后面开去休息。

在归途中，快到大营时，×××先生说："今夜是危险了！"

六、既不出击，又不增援

我没有进过黄埔、陆大或日本士官，对于军事，根本是外行，但是任何一种见诸动作的学识，总不能离开环境与事实。那么环境事实可以决定或变更已定的动作，出击、增援、接防是动作，动作应该观察当时环境事实的需要，不是一道命令所能限制。命令还是要根据环境事实，既不出击，又不增援，都有环境事实在，不是捕风捉影，随便瞎说的。

八月二十二日下午一时在东跑池与敌人接触，全线有战事，详细战况在前二节中说过。军长自己知道兵力薄弱，×团兵抵抗不住，二十三日上午向×副司令告急，约守至次日上午十时援兵可到。兵是开来，但是到了大营，再不前进。至十时不见援兵，再以电话请求，得复称将计划出击。问何时出击，则未定。再问如出击在今晚，可以不增援，若在明日，则今天不增援，敌人突破一处，是否有碍出击计划？请司令官斟酌。没有肯定答复，只叮嘱多多努力，意思误会×军不肯卖力。×军长在迷回村继续告急，允派×××师×师×旅长率步兵×团、炮兵×营，由大营镇跑步增援。

某旅长率队确于两小时内赶到，问今日战况，接地图细询阵地，大家兴奋，今晚不要紧了。忙了半天，他来的任务是出击，不是增援，但是司令官下给的命令，并没有指示他的出击任务。不过他的师长在命令纸上用红铅笔批了几句，教他无所适从。山西军队没有纵的系统，一个团长可以与最高长官直接来往，指挥官不能绝对指挥，这是山西队伍不能作战的原因之一。

一定要×旅长增援，必须与他的师长商量，再打电话给×师长，×师长要请示×××司令，军长再用电话问×副司令。电话要不到，再问×师长究竟什么时候出击，所得答复是××旅长知道。

入夜，敌人猛攻。下级干部只剩三个连长，士兵无人率领，全线将溃退。×旅长向×旅长央求派兵稳定阵地，×旅长说："我的队伍都是新兵，训练不满三个月，怎么打呢?"

二十五日天明敌占领全线，后方指挥官惊恐，派×××率××团大兵恢复阵地，下命令下午一时反攻，集中炮口，当步枪放，事实上又延宕了一点钟。二十六日我们还在反攻，后方又派大兵增援，用一百五十辆由大同运回来的新道奇汽车往上运。

当初只需要一团一营的兵力可以稳住阵地，极易做到，亦无损于出击大计划，如出击计划已定，短时间内实施，可以不增援，但是还要考虑这个阵地被敌占领去，是否牵动出击计划。出击时间没有决定，部队还没展开；看着自己阵线动摇，不增援上去，等全线不支溃退，愿费××团大兵夺回阵地，夺不回来时，再用汽车连夜赶运大兵。二十八日敌以一营人冲破小石口茹越口占据繁峙，后路切断，运上去的这许多的大兵，又翻五台山回太原。

"这么大的战争，几个师联合出击，自然要慢些。"××军的一个参谋长说，意思有点埋怨前线的军队不应该溃退得这么快，打破了出击计划。

大的战争我没见过，尤其是几个师的集团作战，但是，乡下小孩子打架，我倒常看过。两个孩子对打，旁边的一个孩子看见他的同伴打不过，他自动上去扯一把头发，或者抱住大腿，帮着同伴打，打倒了才歇，我没有见过他会站在旁边取既不出击又不增援的态度的。

七、火线下的士兵

火线就是前面的高山上。迷回村的环境还相当有趣，一条弓背形的小路，在土岗断陷的一边，向外走到汽车路。往里走，上迷回村还要过一条土沟，村屋背后又是一个大土岗。最可爱的还是土沟，弯曲而有树，一个极好的隐蔽部，而又像现代式的交通壕。

由火线抽空下来吃饭的士兵，都爱上了这个土沟，靠着土墙坐下，两腿舒展开，好像坐“舒乏”一样。

“饭还没有吃？”×××团的军士张风山看见马夫吃山药蛋，饿得有点着急，坐在他对面的团部传令兵阎明军怀里掏出一个干馍，分了半个给他。

一忽儿，伙夫端来一只大黑瓦坛，满满的一坛白面片。可是没有菜，搅了不少辣椒末，又热又辣，把口腔麻醉了，吃起来什么都不需要。

“你这个家伙也来了！没有吃快来吃罢！”张风山吃了半饱立起来看见他的同伴招呼着。同伴走近他身边，放下步枪，取下子弹带，把手指扣着子弹带上的枪洞，给张风山看。“妈的×！不是这颗子弹，早打死！”说完往地上一丢，解下搪瓷茶缸盛面片吃。

张风山吃饱了，拿起插在泥里的大刀给他身旁的常书体看。“砍了四五个脑袋，连刀柄上多是血迹。”

常书体拉肚子，拉了几天，一点精神没有，话也不爱说，望着天叹气：“妈的×！棉大衣在火烧岭丢了，今天下雨又要挨冻！”

“我的大衣没有丢，天亮想睡一下，刚把大衣盖住脚，一炮打过来，险些打死，拉起大衣就跑。”赵连璧半侥幸半示威的接着常书体说。

“你们打死了，我替你们家里捎信。”书记长朱耀芹负责地说。

“书记长！打死就打死，你可不要替我捎信，教我老婆怪难过的。”一个士兵起来关照着，引得马夫也笑起来。

一九三七年九月三十日写完于太原

◇ 原载1937年10月5、7、8、9、14日《大公报》

淞沪战后的光辉

◎范长江

淞沪会战是中日双方在抗日战争中爆发的第一场大规模会战，尽管我军最终失利退守，却让世界清楚地看到，中国绝不会向日本投降。正如本篇通讯中所写的“而日本的战略要求——‘速战速决’，又一次没有成功”，淞沪会战进一步粉碎了日寇“三个月灭亡中国”的计划，为中国人民的抗战赢得了宝贵的时间。

范长江，四川内江人，早年在《大公报》任职，深入西北，首次公开报道红军长征，一举成名。全面抗战爆发后，范长江发起成立中国青年新闻记者学会，并深入战地，撰写了很多抗战报道。1939年，范长江在周恩来介绍下加入中国共产党，先后任新华社华中分社社长、《新华日报》华中版社长等职。

在抗战初期，战争规模最大的要算淞沪抗战，从八月十三日到十月十一日这三个月中间，中日两方用在长江和钱塘江间三角地带的兵力有一百万左右。这是一八九四—一八九五年中日战争以后最大规模的战役，中日双方都用出了最好的力量进行决斗，双方都希望在这一战中达到一定的政略和战略的目的。结果是中国发挥了惊人的抵抗力量，而日本的战略要求——“速战速决”，又一次没有成功。

日本一向认为中国军队是不堪一击的。“八一三”战争之初，日本正是气焰万丈，认为在上海这样一个经济文化的中心城市、远东国际商业的总枢纽作战，地理上一望平川，交通便利，而且接近江海，极便于日本海、陆、空军的活动，故日本一定可以达到速战速决的战略的。上海被日本占领，必然会大大动摇中国抗战力量与信心，而且也一定大大影响国际的视听。故当时上海日军发言人称中国陆军为世界上不及格之军队。淞沪战争的末期，有人再去问该发言人对于中国陆军之意见，他说，“中国陆军可以算世界上第四等”了！

日本军人一向被自己自夸的武士道精神所麻醉，以为自己是世界上最勇敢的军队。经过淞沪战争，他们不能不承认中国军人的英勇了。几乎所有参加过淞沪战争的军队，都有非常光荣的成就。如宋希濂军之攻汇山码头，罗卓英军之守罗店，胡宗南军之守月浦杨行，杨森军之守张华滨，孙元良军之守闸北，张发奎将军之镇守浦东，廖磊军之果敢冲锋，姚子青营之死守宝山城，留守四行之孤军，以及空军对黄浦江敌舰的袭击，几乎每一次战役，都可写成一篇壮烈的历史。在淞沪战场上，上海许多新闻界同业及文化界代表每晚都大批进入战场。我们所看到的我方官兵的情绪，不是在执行一定的战略任务，而是在发泄“仇日的战斗情绪”。每一个部队都没考虑到他们将来的结果，所有的力量都使用到打击当前的敌人。每一个官兵到了前线，有了机会向日本军队战斗，似乎就已经心满意足了。不论他们过去是何来历，目前是何环境，在坚决进行战胜日本这个战争任务上，大家是绝对的一致和衷心的友好。大家的眼睛都望着东方，所有可以用以打击日本的一切力量，都凝成一团。每一个部队都乐于担任艰难的战斗任务，部队之间都互相非常关心。先来的部队一定非常详尽地为后来部队指示敌情，传述战斗经验，并为他们指点交代给养交通医药等事项，很少看到推诿、猜忌和互相磨擦。

淞沪一带的地形，实在对我不利。日本增兵七次，前后共用去十四个师团，三十余万人，然而我们仍支持了三个月，使日本三月灭亡中国的计划，在华中战场上首先遇到决定性的打击。我们能够支持达三个月之久，不但日本人没有料到，实在我们自己也有些偶然。因为在当初谁也没有想到中国军队有这样高度牺牲的精神和伟大的战斗的力量。日本人利用我们战略上绝对守势的弱点，从战争开始就不断使用突破战术，集中优势兵力攻我一点，一点突破，全线即必须向后撤退。我们对于日本这样的突破战术，是用了坚决的超常的英勇战斗来加以粉碎！我们许多军、许多师都是千里甚至数千里外运来，而到战场之后，不过三五天就拼得精光，只剩一个首长。这简直可以说，淞沪战役之能如此持久，完全是六十万官兵所组成的“肉长城”的功劳！

那时的抗战军人，普遍受着民众的敬爱与援助。上海民众对于前线抗战将士之支持，实为抗战史上可特别称述之模范。除了普遍的慰劳工作已足使官兵们兴奋而外，救护伤兵与战地民众工作，几乎完全由民众自动负担起来。那时各种各样的救护队每夜奔驰前线，救护与运送伤兵，甚至于遁迹空门的和尚，也组织了“僧侣救护队”，而且工作非常积极。这事解决了上海战场上各军队一个最大的问题。战事相当持久之后，军队所需于战地民众之合作更为急迫，举凡给养、侦察、联络、交通等，皆非有民众之帮助，军队自身实非常困难，而组织民众、发动民众，又非素不注意政治工作之军队所能办到。因此，在上海之大量青年都分批投入军队，组织政治工作队、服务

淞沪会战中的我军机枪阵地

队、宣传队等，在军队中从事于军队与民众政治教育和动员工作。因有这些青年做核心，大量的军队和民众受到深入的政治教育，使他们对于抗战认识更深，变为更强大的力量。

这真正是抗战的高潮时期。社会上被英勇团结、友爱、刻苦、乐观的空气统治着。我每次夜行战地，亲眼看见许多高级长官的汽车沿途搭送血污的伤兵，并给他们以亲切的抚慰。九月初，我自己所乘的专用汽车，在南翔附近遇到了一位失路的广西兵。他此时已身在上海附近，但当我们问他“你打算往哪里去?”时，他说:“我在广西出发时，长官告诉我是‘江苏省’。”虽然是这样摸不着头脑，我们也非常高兴请他上车，把他送到便于打听他部队所在地的南翔车站。

◇ 选自范长江著《祖国十年》

台儿庄巡行

◎曹聚仁

台儿庄战役是中华民族全面抗战以来取得的最大胜利，打击了日本侵略者的嚣张气焰，坚定了全国军民坚持抗战的信心。本文是记者在战役结束之后对战场的记录，从独特的角度向读者展示了当时激烈的战况。

曹聚仁，浙江金华人，抗战期间被中央社聘为战地特派员，撰写了很多抗战报道。抗战胜利后，曹聚仁获得国民政府颁发的“云麾胜利勋章”。1950年赴香港，任新加坡《南洋商报》驻港记者，后来多次往返于内地、香港之间，发表了大量有关内地建设的正面报道。著有《文坛五十年》《北行小语》《蒋经国论》等书。

台儿庄胜利的第三天，我和珂云复到台儿庄去巡行了。车子停在运河的南岸；过了河，便是台儿庄的南头，我军最后据守那一角，壕沟纵横，连着深深浅浅的掩体。接上去，那十里长的市镇，毁瓦颓垣，一片焦土；从敌军的骨灰堆看来，死亡人数总在一千以上。我是不相信军事委员会的夸大报告的。俘虏人数，只有上百左右，中途敌俘一半自杀，留着生命的，只有五十人上下。这种种，都不能见之于我们的报导的。笔下所可渲染的，有一家男女老少五口，从上月二十四日，台儿庄进入战斗，到四月七日，敌军完全退却，先后十五天，他们一直躲在大缸底，居然好好地活着，那真是奇迹了。

我们在瓦砾中行进，看见几架给炮打毁的坦克车，龟壳似的倒在那儿。我呢，居然在敌尸堆里找到了一本日记，作为战迹的最好记录。（这位日本士兵，名涩谷升，矶谷部队一等兵。）

三月二十四日　上午六时，北洛村出发，向台儿庄前进，第五中队及机关枪队右侧第一线，总队部向铁路敌阵开始进攻。敌兵数千人，第五中队呼应总队部向敌阵进攻，受敌方猛烈射击，不支，伏于麦田，谷川君战死，第三小队之见泽君去向不明；中仓、中原两君受伤。向铁路东西两村落夜袭。小队长下令，各兵要抱决死心。敌方以捷克机关枪猛射，我伏在地上。立在前面之森君中弹即死。黑川君亦中弹倒地。金田君负伤。战车队向南面猛进，展开肉搏战；小队长负伤，敌兵甚多，我军含泪而退，马十匹倒地，经理部长战死，其他死伤不少。敌方发射愈猛，我中队不能与总队部取得联络；约历一夜，谷川君战死。

二十五日　敌装甲车出现于前面约距五十公尺，因势寡不得动手。纸尾君战殁。排长率第五分队住总队部联络时，我阵地北方发现敌兵数千人，吹喇叭而向我阵地进攻。刘家湖方面敌兵甚众，向我攻击，约历二小时许，第七中队及辎重兵负伤颇重。……中途所有乡村，均放火焚烧。

二十六日　在刘家湖稍事休息，下午五时出发，占领东面之小村，该处约距台儿庄二百五十公尺。准备明天进攻台儿庄。

二十七日　半夜二时出发，幸哉，无月，无星，四面黑暗，中途未受敌方袭击。到总队部，立即挖掘战壕。山木君受伤惨重，竹安君被派步哨。据称第四中队于廿四日战斗中，死伤达百数十人之众。

天亮六时半，各炮队开始发炮，第五、第六两中队结成敢死队由城墙之破缺冲入。墙边有河浜，手榴弹如雨飞来，数人中弹倒毙，惨若人间地狱。队长命令，不论死伤如何惨重，各应尽各自本分，步兵几乎全部倒毙。

依这位日本士兵的记述，二十七日天亮六时半：“手榴弹仍如雨飞来，我身边也飞来数枚，我未负伤，非常奇迹。经激战方得占领城市之一隅，我方已牺牲半数以上云。然后将死伤者全部收容在大房屋内。黄昏，敌再度袭来，我方受伤数人；手榴弹仍如雨飞来。夜间，我与林原、足立两君刺毙敌兵九名，枪声彻夜不绝。”接着，便进入台儿庄逐屋战斗的大场面了。

二十八日　敌众我寡，无从扫荡敌军，只能与之相持对峙了。迫击炮如雨飞来，全队不分日夜，严密防守。各中队人数，仅剩六七十人。（中队=连，该有一百五十人。）

二十九日　敌方开始退却；我方士兵伏在战壕向敌方射击，各中队派一部分向敌扫荡。夜间，第九中队前来增援。我方战车被敌方破坏殆尽，子弹亦告罄，不得已拿伤兵的子弹来使用。

卅日　天亮展开巷战，敌方抵抗顽强，不得进展。上午十一时许，第九中队之西山君战死。激战一天，未占尺地，敌迫击炮，手榴弹，愈演愈激。

三十一日　上午九时开始进攻，正午前，敌发射迫击炮甚猛烈，我军伤亡惨重。开始收拾尸体，六七十具。敌炮火猛烈，无法收尸。夜间，与第三分队联合防守，附近一带，落弹极多。

四月一日　上午六时，火葬尸体，八时开始进攻，死伤者全部送往后方。下午，攻占和尚寺一所，全体进驻该寺。准备明天的战斗。敌机向该寺盘旋投弹，石仓君中弹重伤，重机枪分队长亦中迫击炮弹而阵亡。第三分队战死三名，重伤一名。

二日　上午九时开始进攻，因道路受阻，工兵着手清理房屋以利前进。

三日　早饭后开始进攻，敌弹如雨飞来，足立君中弹而死，各处起火，火焰冲天。

四日　互相投掷手榴弹，下午三时许，发现敌机十一架投弹。夜间看守友队尸体。

五日　与第三小队前往火葬尸体，敌弹猛烈，第九中队排长负伤，第三分队三泽君尸体，遍找不获。

六日　与林原君舁足立君尸体往收容所，途中迫击炮弹纷纷飞来，我伏在望远楼中稍待。大队部也三人中弹，第八中队死亡八人，第三小队也抬尸体前来。下午七时收拾尸体、枪枝之队部无法支持，退至河滨附近，牺牲数百人生

台儿庄战役期间的孙连仲（右二）在指挥作战

命所占据点，无法据守，又被敌人占去。我队亦含泪和大队部一同后撤。后撤时，将全城房屋，一并焚去。（敌兵日记，文中“敌”字即指我军。）

这位日本士兵的日记，写到四月七日为止，文云：“台儿庄撤退后，上午五时到达泥沟。四面桃花盛开，春景颇佳。我队因人数关系，编入第十联队。上午十一时许，到夹坊林，在此暂驻；我之生命，暂时可以保全，由乡村捉来鹅鸭十五只，大吃特吃；在此稍事休息，准备下次进攻。”——他可能撤退途中，失落此一本日记，也可能当日后撤时，受了伤。从日记中所载，证实我们到徐州那天，台儿庄正在激战中；我们到孙总司令部那晚，敌军开始溃败了。海通社那位德国记者看了记录，也就哑口无言了。

在台儿庄胜利以后，从武汉来的中外记者以及公私团体代表络绎不绝，而且都得看到那劫后废墟，才算快事，这也是人情之常。我们呢，虽是先睹，却有些感想。台儿庄墟后那几辆打烂了的敌军坦克，竟没有一个懂得技工的代表去拖了回来，还得等武汉军方派工兵来收拾残局。我又想起淞沪线上，我军二十四辆坦克，使用时间过久，油干火熄，给敌人拖了过去，实在现代化军事常识太不够了。也等于我们在随军组工作，竟没有一个会收发短波电讯的人，较之日方随军记者差得太远了。（社方也曾想把电务员训练成为采访记者，并无成就；我呢，想自己训练成为电务员，也无佳果呢！）

我们从台儿庄回来，过了五日，又转到右翼去了。敌军退保峄县枣庄一线，汤军团便从底阁、杨楼胁其背后。从战况说，右翼地区更激烈更惨重。我们到兰陵前线，和汤将军见了面，可是整个城市，士兵而外，除了一位县长和一位打更的，并无一个居民。

我俩只好自谋住宿饮食，草草过了一夜。在那儿，恰巧碰到了G兄，他是军参谋长。他告诉我们，在我军正面，敌军并无增加，他认为值得注意。他要我们往西去看看情形。我说，我本来准备往归德去；他说还该往西走。我问："开封如何?"他说还该往西。我便决定到郑州再说。我们离开兰陵，回到了运河站住了一晚，又碰到了范长江兄。第二天，同回徐州，我便决定离开徐州西归郑州。珂云因为各方人士正在东来，恋恋不欲西归。别人呢，看我们突然要离开徐州，也颇引以为异。那天，四月底，我们趁陇海车西行，还有车可坐，到了第二天，便不再有车可趁了。敌军轰炸了徐州花园饭店，那便是我们住的旅馆，总算逃出了一劫了。

我们当晚到了开封，次日，巡游这一宋代古城，陇海线上还是平安无事。第三天，随着妇女工作队到考城访问商震兵团，河北岸仍平静无事。我们一回到开封，归德便已被炸。我俩次日一早坐了人力车从开封赶到郑州，陇海前线便进入战斗情况了。那几天，处处都是争一天半天的机会，我们总算平安到了洛阳。

山东的烽火

◎曼　之

日本图谋侵占山东，筹划已久。卢沟桥事变爆发一个月后，日军便向济南进犯。从1937年10月1日攻占德县，到1938年5月19日徐州沦陷，山东全境陷入日军之手，只用了7个多月。本文即记录了山东沦陷前军民抗击日本侵略者的历程。

曼之，生平不详。本文见于战时出版社出版的《山东前线》，该书为“战时小丛刊”系列之一，收录了数十篇在《新华日报》《中山日报》《全民周刊》等刊物发表的抗战通讯报道。

一、静静的黄河

沧州陷了，德州失了，禹城右翼的敌军突破了徒骇河右翼，窜临邑商河，甚至用三日间的轻骑前进到了济阳，济南东九十里的重要渡口。

那时候，韩主席（编者注：指韩复榘）还正有十分把握地带了一营手枪队到济阳督战，谁知道敌人竟利用曾经走私的驾驶员开汽车走熟路到了济阳走私，竟不只是经济侵略，而且还具备着军事意义。韩当时也没有想到，敌人会这样快。等到敌人近前看到清楚的时候，只好骑了摩托脚踏车带着两三个人逃出险境。他所带的一营手枪队兵，就这样大半殉了国家。

这消息，在十一月十四日传到济南，于是道上谣言纷起。加之敌人的飞机已经一连三日在头上转，大肆轰炸北面十里的泺口，轰轰的声音在警报之后，特别听得清楚，给每一个济南人添了刺激。

十五日，敌人飞机不断地轰炸，炮不断地响，下午在太阳还没有落山的时候，从西北传来了两声巨响，震动得每一个人都颤栗起来。这两声，我们从而再见不到完整时的黄河铁桥了。

虽然十七日时街上有一阵大骚动，一部分的敌产被有计划地没收了，纬三路发生火警，监囚越狱，下午有极重的炮声震动屋瓦。然而等了一天，到十九日，天也晴了，雨雪也停止了，战争同样的也停止了，依然是一个和平时一样的济南。

就是在十九日，记者曾亲自到泺口最前线去参观工事，并且凭吊已毁的铁桥，从南向北数的第二、第三桥架，已经全部倾倒到河心，三、四两桥基已全毁。其余桥架大半倾侧。保持原位置者，仅仅是第一桥架而已。这样伟大工程，为了保卫它以南的土地和人民先以身殉。

然而，黄河仍旧是静静地流着，好像不曾遭受着什么。北面鹊山孤立在桥旁，让晚霞衬托着，一个年轻的士兵背着枪在堤上走来走去守卫着，天空上掠过的乌鸦为他唱着使人不耐烦的歌。

二、威胁着的怀柔

多数人承认山东是一个神秘的半岛，于是敌人在近年以来也曾着着实实地造过许多谣言。有许多事固然不能说绝对没有，然而经过敌人添枝加叶加了许多材料之后，便完全不是旧样了。

敌人到达黄河北岸之后，居然不再前进，希望用政治手段不费一兵一弹而得山东，于是各式各样的花枪掉得使人耳惑神迷：

第一，敌人派了两个汉奸到济南游说韩复榘，用飞机向他投递信件，说“只打中央不打地方”“不抗日可以保存实力”。

第二，许多谣言布满了山东，敌人的广播电台大肆进攻山东民众，说“山东老百姓要安心，我们不涂炭山东，我们的飞机大炮决不轰击青岛济南”。

敌人的飞机在头上飞，第一次飞到济南时“误”投了两个炸弹，敌人便在广播上弄起把戏来，说驾驶员曾记大过，因为他不遵守“政策”。敌人的炮位在鹊山，每间隔两三天便向南岸开玩笑似的打一次，从早晨到晚上都可以听到疏疏落落的炮声，炮弹落到济南北面的洛口、西边的金牛山、东边的黄台车站、南边千佛山和辛庄兵营，但是不落到城内和商埠，好像是像对济南人说：“你看，飞机在你头上飞，炮弹在你头上过，它们很可能的在你脚下爆炸，然而并不，你晓得这是什么原因?”

于是，一方面用甜言蜜语来怀柔，一方面用炮火来威胁，另一方面造一些不三不四、扑朔迷离的空气。结果，一个问题和一感叹号深印到山东人心里，这样，凭险相持，夹河炮战者四十多天。

三、“天险”被突破了

所谓凭险相持者，只是敌人不进攻，还得以暂时保全胶着的局面而已。

敌人原想不攻而克的，终于没有得到成功。于是十二月十七日的敌天津会议，决定在山东用武力，这自然也是南京陷落后应有的步骤。

二十二日，黄河线上有一场剧烈而真正的炮战，飞机也飞得紧起来了，结果在二十三日黎明之前发现了齐东台子渡口已经过来了两百多敌人，而且攫得了据点，这一向为山东当局所恃为“天险”者就这样被两百个敌人轻轻突破了。

一日之后，敌人大批渡河，等廿四日黎明再看时，已经将近万人。

廿四日，我们在济南市已经难得到最确实的消息，只见各机关准备撤退，大批飞机从头上飞过，轰炸黄河沿线，长清秦安受炸最重，敌人的炮弹破天荒地落到市内津浦路济南站。

一夜紧急的炮声过后，渡河之敌分三路前进，一方攻济南，一方攻周村明水，一方攻潍县、章丘、青城、邹平，周村、明水在廿五日的下午都有战事，战局越为紧张。廿六日黎明，济南告紧，我军自动放弃山东省会。圣诞节的次晨八时，城头换来使人惨不忍睹的敌旗。

四、焦土的山东

这一次山东当局所抱定的政策，使我们可以差慰于心的是确确实实地做到了“焦土”两字。

十一月十七日济南全市敌产被没收，二十日起淄川博山各敌矿被炸毁，浓烟及爆炸声未息者三日。

青岛沈市长迭次发表声明，劝民众自动离青，十二月十八日开始炸毁市内外的纱厂以及其他敌产，总值在三万万元的敌产，再加全山东的敌产总价值十三万万元至十六万万元，在一月之间同归灰烬。此外，青岛市的电报电话，以及通佐世保的海底电线均被破坏，封锁所有港口，焚炸工业动力来源的电厂，胶济沿路的桥梁在一月之前早已预装炸药，廿四日起完全破坏。

济南市的所有军政要员二十四日离济，廿五日将最后留守的人员撤往单县（省政府即在单县办公）。廿五日把省库的米面及省立裕鲁当的质品散发给民众。廿六日早六时，自动将省市政府津浦胶济两路济南车站，黄台车站，电报电灯电话各局、自来水厂、无线电台、进德会及其他省有产业、敌领事馆及其他一切敌产，分别或焚或炸，济南市从此烟火蔽天，炸声震地。

津胶两路所有的机车车皮共廿余列，于廿六日晨三时由两列钢甲车掩护，作最后之撤退，钢甲车同时担任破坏津浦北段各桥梁的任务。

敌机也自二十四日起大举轰炸津浦沿线各站。记者廿七日撤退到泰安，卅日到徐州，一路遭遇北来之敌机队，三日之间不下六十次。徐州被炸四次，泰安前后不下三四十次，仅廿七日即达十六次。张夏未能免，界首一日之间即被炸四次，泰安被投之弹前后逾三百枚，城内毁其大半，车站旁的小市街几乎全毁。然而车站的主要建筑却大体无恙，铁路员工冒险修复路轨，把以北的廿余列车连夜放至徐州，使全山东的不动产成焦土之后，可动的国家财产安然送还给国家。

五、贼子先入城

敌军廿七日早八点入城之后，城内汉奸挟旗欢迎，立刻组织起维持会来。

但是，说来痛心，维持会组织者是前边防第二师师长马良。马良是失意军人，军队里还有张宗昌的逆子张济乐。

这一些所谓的敌军在入城之后，即刻不停止地向前进，泰安我军终于在元旦放弃。青岛因势成孤岛，且早已变为一片瓦砾场，守之味同鸡肋，乃于元旦

1937年12月26日，日军沿胶济铁路向济南进犯

自动放弃，沈市长偕于学忠、谢刚哲、葛光庭于一日经诸城南下。

至于兖州方面，所有军政交通人员，已于三日分别撤退徐州及单县，我们的军队曾一度撤退，后来知道大部敌军据大汶口之后，只有小部徘徊途上，于是我军又开回了被“放弃”了的兖州附近。

山东已成焦土，初步政策已经完成，从今而后的战局，将有怎样的开展呢?

敌军的目的在分兵两路，一路由兖州沿铁路南下犯徐州，一路由兖州向西南犯济宁转曹州，切断陇海路的交通，现在已经判明的是南下之敌约五千人，携炮卅余门，装甲汽车五六十辆。敌人的编制很奇怪，所谓“三、三、四”制，即每十个人中混和四个日人，三个鲜人和三个华人。

我们这一方面，已有完整严密的准备，最高当局严饬固守徐兖一带，无论任何军队，不准无故擅退，而且在陇海北线及曹州一带，配备有生力军，敌人还想再冒险前进吗？我们对于山东的政策已经再不是“焦土后退了”。

附带着报告给读者一个消息，泰安既告沦陷，曲阜孔林是山东文化的精英，奉祀官孔德成的安全当为读者所注意，而且，前年日本人也曾一度想包围他。但是，孔德成也是一个不甘作傀儡的青年人，一月之前，他曾有电致中央，说希望到国外考察。中央当时复电嘉许，并愿担任拨支旅费，且派于范亭到鲁迎候。现在，孔已经把一切私务摒挡终了，在元旦偕夫人孙琪芳女士及随员五人同离曲阜，三日抵徐州候车赴川转途出国。这自然是使人听了之后，觉得兴奋的事。

◇ 选自战时出版社1938年版《山东前线》

五二〇远征日本

◎《密勒氏评论报》报道

抗战期间，中国空军曾组织了一次空袭日本的行动，但飞机上装的不是炸弹，而是反战传单。这是日本有史以来第一次被外国飞机“轰炸”袭击，日本一度全国骚动；这也是世界航空作战史上绝无仅有的“纸片轰炸”，在国际上引起巨大反响，使日本政府颜面扫地。本篇报道详细地记录了这次被称为“人道远征”的特殊空袭。

英文《密勒氏评论报》由美国人汤姆斯·密勒于1917年在上海创办。抗战期间，《密勒氏评论报》发表大量报道，支持国民政府抗战，反对日本侵略。太平洋战争爆发后，该报被日军查封，主编鲍威尔被捕，并在狱中致残。1945年10月，《密勒氏评论报》在上海复刊。

“五一九”之黄昏中，中国某轰炸队队长徐焕升奉到命令，限于一小时内启程前往敌国三岛，散发告诫传单。徐队长奉谕后，以使命重大，兴奋异常，乃令副队长佟彦博，队员苏光华、刘荣光、雷天春、吴积冲、陈光斗等紧急集合，于黑夜该队于某地昂然起飞，稍经翱翔，即冉冉离开祖国，在长空中发动万匹马力，腾飞重洋之上，众志一心，勇猛向前进发，海啸机吼，激起英勇空军奋斗热血，飞行益形神速。午夜既过，星光初朗，月色慢自云隙中闪出，各神勇将士见光明天赐愈为奋发，将飞抵某岛附近，华机突低飞海面，都作侦察，是时数日舰慌乱异常，滥以探照灯照射，各机轻移翼身，犹如蜻蜓蜿蜒，闪逝云端，于日舰迷离不清半信半疑中，各机直飞至长崎上空。徐队长当先环飞一周，侦明情势后，即指挥各机整顿阵线，鱼贯低飞，乘街灯明晰之际，各战斗员以最迅速手段，向通衢小巷中遍发传单，各机追随队长完成任务后，复排成一线，驶入云霄，开始向九州西岸飞行，再回顾时，见全市灯火突熄，探照灯滥向西方发射，各英勇将士安然东去，直向九州西岸挺进。沿岸城市累累，灯光闪烁，一切皆在沉寂状态中。华机仍乘日方不备之际，以强行军速度，沿各城市低散传单，小册纷纷，降如瑞雪，刹那间，各城市街衢皆为之笼罩。晨光略见曦微，各将士已以最大之努力，完成此伟大之使命，在各城市上空稍作盘旋后。即开始向祖国海岸飞返。经日海中军舰上空时，虽迭遭高射炮射击，然各将士非但不稍恐惧，且皆满怀兴奋，翱翔而过，彼此挥巾，各队员时向徐队长敬礼致贺。少顷，煦暖阳光，陡起海面，怒吼波涛，渐趋宁静，造成历史新页，发扬领袖精神之远征英雄，已飞抵国土，在欢呼雷动声中，由徐队长率机从西方飞来，十一时正，各机相继降落，各将士均精神异常饱满，笑容可掬，下机时，场中军乐齐作，掌声震天，摄影者争前夺后，情况热烈，空前所未有。

壮飞经过

此次出征日本的，是神鹰兵团的精锐某部队，它控制性能优秀的飞机数十架，拥有扬威远东的笕桥学生数百人，是一个巨大的空中突击兵团。出征之前，该队健儿已有相当时间的准备，因为这是第一次跨海远征，同时又须要完成任务必胜归来，故这班青年健儿们曾作了约半个月期间的航程和操纵技术的研究。长官并没有指定出征的日期，而热血沸腾的青年勇士已迫不及待，遂提前于本月十九日先向某地作战略开进，继于是夜十一时许，在徐焕升队长及飞行技术最精之苏光华统率之下，升空出动。记者在那夜，为了知道神鹰兵团英勇出征经过，及祈祷空中英雄胜利归来，彻夜未眠，不胜兴奋。十一时许，在心情如火的时候，接读出征队长徐焕升拍致某长官一封报告出动的电报："职谨率全体出征人员，向最高领袖蒋委员长及诸位长官行最敬礼，以示参与此项工作之荣幸。并各誓以最大之努力，以完成此非常之使命。"情文并茂，悲壮无比。记者读罢，为之感泣。二十日晨一时许，飞机在空中来电报告："云太高，不见月光，完全用盲目飞行。"经若干时又报告："现在成队飞行，一切平安。"二时正报告："一切仍平安，飞在云上面。"二时许报告："已到达日本上空，准备掷传单。"我们全夜不眠的人，接到这个愉快的报告，不觉奋其神魂，知道这些可敬的神鹰，凌御在三岛上空了。自二时一刻至三时许，因为电波微弱，我们不能清楚的获得空中电报，幸而某地方却接到了，向我们转报详情。自二时半至三时。英勇无比的神鹰群，已经在最精巧的技术中，飞绕日本各境，约于上午二时许到达长崎上空，俯见长崎市街之路灯，及该市东方之风头山下灯光，惟居民多在梦中，市街上充满凄凉景象。各机遂将传单撒下若干，并飞越多良岳有明海，经久留米市，而直达福冈，遂于该市上空盘旋，散发传单小册。其北方海中停泊船舶之灯火，隐约可见。离福冈后，即绕飞九州北部一周，散发传单，然后向西归来。神鹰部队这时候的任务完全达到了，机内传单已散发一空，忠贞的铁翼遂于三时离开日本海岸，四时许已翱翔进出在东海的宿云中，开始向祖国海岸飞回。在五时十七分的晨光熹微中。重见祖国海岸，胜利的消息，顷刻传到武汉。大武汉自"五二〇"正午以后，轰起一个空前未有的狂欢，中国神鹰队远征日本的第一首史诗，是这样的写成了。

热烈欢迎

记者于十时许赶到机场时，正是英勇的空军圆满达到任务已在凯旋的时候，中外记者、各界代表等数百人，都在热烈地期待着。十一时二十余分，天边显露了黑色的数点，随即传来了宏大的机声，飞机场每一个人都快乐得跳了起来，咧开了嘴巴，用帽、用手帕、用小旗、用喉咙来表示衷心的欢欣，和对于这几位劳苦功高的空军将士的敬意。数架巨型机，全身耀着光辉，犹如霞光。在机场飞绕一周，即由徐队长率领徐徐下降。那时马达声、军乐声、欢呼声、鼓掌声混合成一阕人世间最光荣、最兴奋、最感动的合奏曲。呵，我看见旁边的一个朋友，快乐得流出眼泪来了，那是在中国和日本的历史上从来未记载过的惊人的创举、惊人的伟业呵。而特别使人感动的，好几个外国记者也许是出于过度的热情，也许是想坚定他们自己对于中国航空员的信心，当飞机一落地时即刻赶过去，或者会出乎他们意料吧，跳出来的全是不满三十岁的中国的青年，而他们又是那么英俊、那么壮健、那么英勇，而且是经过了十二小时以上不断飞行的，精神还是那么的奕奕。我听到身边一个外国记者说着："如果我是一个女人，我一定马上爱他。"钱大钧之女公子燕芸小姐献送了花篮，记者并趋前与徐队长热烈握手。在几百个中外人士的圈围中，远征日本凯旋的将士，徐队长焕升，佟副队长彦博，队员苏光华、蒋绍禹、雷天春、刘荣光、陈光斗等，整齐地列成一排，聆听孔院长（编者注：指孔祥熙）的训词："各位勇士都能完成使命安全归来，本人代表政府敬致欢迎。诸位实为中华民族空军历史上创一新纪录。诸位此次奉命去日，仅是去散发传单，告诫日本人民和士兵，而不曾投弹轰炸，这不仅是表现吾国文化的高尚，道德的崇高，而且是说明我国此次抗战，完全是抵抗日本军人的侵略，决不认日本人民是我们的敌人。此次我们可能投弹，但我们决不忍去轰炸他们。此次散发传单，就是唤起日本民众共起打倒日本军阀，为远东谋和平。"何部长（编者注：指何应钦）的训词："各位空军英雄，今天能达到最高任务，安全归来，本人代表全国陆军向各位敬致欢迎。各位此行含有二种意义，一是此次长征，完全在唤醒日本国民，不要再受日本军阀的驱使，参加没有目的之战争；二是我们可以从这一点来证明中国的空军实力不弱于日本，但我们根据人道主义，并不大施轰炸，诸位今日能负起重大责任，我空军前途尚十分远大，希望今后能本此种精神继续努力。"随即由钱主任大钧代表空军致谢词："今天各长官和各中外人士到会欢迎，本人十分感谢。希望我空军以后加倍努力，加强本身工作，我们不能因此就自骄自满，我们中华民族一天不解放，我们的重要的任务就一天没有完成。"接着就由孔氏特设茶会招待远征空军将士，一直到下午三时才尽欢而散。

两种传单

中国空军散发之传单共数十种，翻译后将发表。以下两种，系受日本反战同盟委托带往散发者，兹录如次：

反战同盟告日本士兵书

士兵诸君：

粉碎军部长年的横暴，这正是时候了。

杀害了国宝高桥，强迫议会，把五十万民众变作炮灰，从大众身上强夺百万万税金，这种军部，能够让他们这样横行无忌吗？

我们能够做剥夺日本大众的生命和私生活的军部的走狗吗？

瞧一瞧拼死为正义而继续抗战的中国民众啊！不觉害羞吗？

士兵大众诸君！抓住机会呀！

不要死，好好地想法打败仗！敷衍战斗，不要死！不要受伤，不要打仗！

这正是忍之又忍的日本大众的正义，也是惩罚军部的使命！

卑怯的家伙，尽可白白送死！只管变成残废！到那时，再来咒骂军部，就迟了！

东京，大阪，久留米，京都师团及满洲军政部内派遣兵士反战同盟。

一桩真事实

诸位战友：

我们必须告诉你们一桩真事实。

我们负伤而陷于绝地，或为俘虏了。我们想到一定得死，可不是讲给我们听，说中国军队多么敌意，多么残忍吗?

但我们受着保护，受了治疗，过着毫没不自由的生活。中国当局告诉我们，说他们憎恶军阀的侵略，可绝不是日本士兵和民众的仇敌。这话的真实性，现在我们可了解了。啊啊！对这充满了爱的民族，我们一想起过去对他们的行为，就觉得羞耻！我们感得有告诉诸位的义务。

勿把枪口对着中国的兄弟，唯有我们自己才是受骗的。日本军阀，企图离间我们与中国民族，好从而各个击破，因之我们成为牺牲，中国兄弟就被残杀了。现在已经是应该团结一切力量，对付残酷的侵略野心家的时候了。不要到我们的军队里来！和中国兄弟共同携手！打倒侵略的政府和军阀！这是把和平带给东洋和日本的唯一大道！兄弟们！

日本负伤士兵，于汉口。

咆哮中的赵城游击队

◎异　羽

太原失守后，华北战场进入了以游击部队为主体的游击战争阶段。面对日寇的侵略，游击队在中国共产党的领导下，进行了长期艰苦卓绝的斗争，有力地打击了敌人。赵城游击队是山西抗日力量中的一支，本篇通讯便是对赵城游击队组建过程和英勇事迹的报道。

异羽，生平不详。本文见于商务印书馆1938年7月出版的《抗战丛刊》(第五辑)，《抗战丛刊》由郑光昭编辑，共六辑，所收文章多为记录抗战现场的通讯报道。

一、晋南是游击队的摇篮

几月来因临汾失陷，敌人长驱直达风陵渡。晋南的重要据点，尽入敌手。但我们十几万军队依然留存在山西，作各别的战斗，并未过河。更有山西的游击队——民众武装之风起云涌，可以说整个山西在过去完全陷入混战状态。直至最近，始拨开云雾，稍露清明，一个多月来，沿河各重要渡口，以及东南半壁之次第收复，使敌人只能沿着同蒲铁路几个重要据点如运城、侯马、临汾、洪洞等，作抱残守缺的死守。一条直线的占领，竟被分段地冲破，且陷入重重包围之中，究竟怎样才造成这样于我有利的形势呢？这固然是由于我们忠勇将士的奋不顾身，勇往直前，可是我们却不能忘记我们的游击队伍在这里所发生的力量，这一股伟大的洪流，在目前，正像潮水一样泛滥起来。

我们知道山西的地形，在地理上是属于山岳地带。山脉由晋南河岸起始，东有太行，西有吕梁，一直蜿蜒到东北的渤海岸上，整个山西完全被这两条主脉平行绵亘着。河曲以下至风陵渡，东折黄河正像一条研长的玉带，作直角形由吕梁、太行山脚底下，一直长向渤海。因而使山西在北方造成了一个特殊局面，可以俯瞰幽燕，南下河洛，为军事家所必争之地。在这峰峦叠嶂，山势重重的绵亘中，只有中间一条汾水，随着山势转折，而直贯中央，因此，也就形成了一条极其狭窄的平原。同蒲铁路，便沿着汾水的低地，南北透穿过来，算是唯一的交通孔道。中间九个重要据点，便是闻喜、侯马、曲沃、临汾、洪洞、赵城、霍县和灵石，一直往北就由介休、太谷、榆次，而和太原衔接了。所有这些城市，都在太行、吕梁两山脉重重包围中，我们的游击队伍便找着了这一块地带，像婴儿的摇篮一样渐渐的成长起来。他们之所以能出奇制胜，威胁敌人者，固属于人和，而这一块有利的地形，对于他们却更有决定的意义。

二、队伍是怎样生长壮大起来的

谁都知道历史上三家分晋，赵国最强，廉颇、李牧之所以能西抗强秦，固属他们有大将之才，但赵人的强悍，也是其中一个有力的因素。“燕赵古多慷慨悲歌之士”，历史上证明了，这一带居民不仅只是暴虎冯河死而无悔的卤莽野人，而且还有丹心侠骨慷慨悲歌的性格。渐离击筑，易水悲歌，从古到今，不是都令人景慕着吗？有了这样几千年来传统的风俗，再加上日本帝国主义之疯狂进攻，眼见着自己的妻儿老小在血泊中被践踏了；自己的田园房产在烈火下被焚毁了，很容易在每个人的心坎中燃烧起复仇的烈火。他们很清楚地明白：他们没有金钱可以跑到后方较为安全的地带，他们也没有亲戚朋友可以照顾他们的流浪在外的生活。很明显的是由于日本帝国主义之到来，破坏了他们田园宁静的生活，粉碎了妻儿老小的团聚。怎办呢？只有拿起他们的原始武器，鸟枪、土炮、刀斧和敌人拼命决斗。同时更由于难民流浪的苦痛生活教训了他们，与其避而逃亡，不如挺身奋斗。于是在反抗强暴侵略下，无分男女老少都手携手联合起来。这就是游击队伍到处蜂起而形成一股壮大力量的基本条件。

说起来围绕赵城一带的游击队伍，早在今春即酝酿进行着，经过了几番周折，二月初人数渐由九百人增到千余人，由几股较小的集团渐渐融合成一个较大的集团，初步的军事训练，以及抗战中的战术战略，都简单的加以灌输，更听到种种日本鬼子的暴行，以坚定其抗战信念。可是二月中旬，晋南局势急转直下，使他们不能安然在青天白日旗帜下静静训练了，于是在二月二十一、二十二日的早晨，便不得不向着同蒲铁路、汾河两岸分散开去，作他们首次的出师。但因为他们是初出茅庐，刚显身手，没有很好的训练教育，纵有最利的地形，也遭受了不少打击，他们觉悟到非彻底改组，着实训练不足以达到杀敌复仇的目的，非以整齐步伐，万众一心，行动统一，执行预定的计划不足以打击敌人，因此基于事实的经验与教训，严格组织训练起来，把他们的队伍，分成

1938年，第一一五师部驻地——孝义县碾头村

一个小队、一个小队的，每个小队各受其专门特殊的训练，总计里边可分侦察、破坏、通信、救护、袭击、宣传等部门，在相互分工同力合作的原则之下，各个队伍作一个有机的联系以互相策应，三个月过去了，他们的训练也到了炉火纯青的时候，同时他们的人数也比以前大大的增加，由一千而二千，而三千，现在居然有了五千，一直还在增加着，我们的这一股游击队伍，渐渐羽毛丰满地成长起来了。

三、怎样联系自己围困敌人

本来游击队伍的分子，都是当地的民众武装起来的。纵然有些地方当地民众没有加入，但和他们保有密切联系。在这样水乳交融下，再加上受过相当的训练，情报是非常敏捷而确实。举凡敌人的一举一动，从什么地方开来多少援兵，运来多少辎重，他们都能神出鬼没、无孔不入的知道。在有机可乘的当儿，决不轻易放过。用迅雷不及掩耳的手段，有时截夺辎重，有时歼灭敌人。

至于他们自己通信联络的方法，说来也颇惊奇。虽然方法近乎原始而效用却颇强大。因为他们和当地民众保有密切的联系，这种传信的方法，便由当地民众来担负。方法是：用一根××插在所要传达的东西或信件上，限定时刻，无误赶到。于是他们便携着这根××循着路径的先后，一村一乡互相传递下去。不管风雨雷电夜暮晨昏，都能很快地赶到。有时候有需要大众周知的事，便由某一个发令的地点，四面八方地传下去，自己的人在短时间内，便知道有了什么事情发生。所以他们的行动非常敏捷，处处能占上风，有时候在获得了电线电筒等，也全部应用起来，不过为了避免被敌人发现，并不是一个一个的埋立电杆，只是利用就地的矮树或房屋的一角，架设起来。只要是敌人所不能到的地方，他们都有电话畅通。庞大的交通网、通信网，很广阔地建立起来。

他们破坏敌人交通，更是令人难以想象。在最初他们只注意破坏公路、铁路，着重挖坑掘壕，毁坏路面。可是虽然有时达到了阻塞敌人的交通的目的，但到底不能威胁敌人。因为敌人有一切先进优越的工具，很快地修补起来，又可畅行无阻。于是他们更想出绝妙的好着。“人多出韩信”，是北方流行的一句俗语，意思是说：集体想去，自然有好的办法出现。于是他们发现了乡下农民弹棉花车上所用的钥匙，恰巧可以脱卸路轨。从而四面八方地动员，将所有的钥匙成堆地集合起来。这一来，不仅破坏了路轨，而且还不只短短的一段，有时竟达十数里。枕木路轨，可以运走的便运走，沉重的则沉没于河底，使敌人无法修补。对于公路更用放水决堤的方法，冲毁路基，机械化的武器到此也不得不望而却步了。在敌人看到枕木被抽路基被毁而不得不中途停留的时候，如果他们人数单薄，这正给游击队一个绝好的机会。他们便像大雨倾盆的四面包剿过来，使敌人悉数就歼，方肯罢休。赵城东南小胡麻村、城东永乐村，常常是敌我激战的地带。而该两村之全毁于炮火，也完全是因为在这里是游击队永远出没的地方。

磨头车站，是到赵城东南二里多地的交通要道，敌人当然时时戒备，可是终竟逃不出他们灵活而有计划的出击。同蒲车在这里是一向不敢多时停留，有时就在几分钟的时间中，也会遭受袭击，以致敌人每到此间不得不特别加以戒备。

四、正在洗涤着旧恨新仇

黑夜袭击，本是游击队伍的一般战斗原则之一。他们当然也很好地应用着，但并不呆板地应用。也许就在白日，公然结队打击敌人。在有利的地形下，他们更诱敌深入，一鼓就擒。三月十七日的红城——村名，在赵城县北——交绥，他们便是使用这一个战术。那一带的地势，高崖起伏，坡沟连亘，非常险要，可是敌人并不知道他们一面接触、一面后退的用意，一口气地追击下来。结果，在一个东西峡谷中，两面被他们袭击歼灭敌人几乎大半。及至敌援军开来，始掩护着狼狈退却。计此役毙敌数十名，夺获辎重一部。

几次出击敌人的结果，随着枪械辎重的夺获，他们的实力渐渐增大起来，从而对敌人的打击也成比例的扩大。四月七日的晚上，他们更采进一步，大规模的袭击。会同着公安局的一部警察，以及当地保卫团之一部，联合进攻。但是为了先使敌人不能增援，便分路出动，破坏公路铁道。一夜间，被他们敏捷行动所破坏的铁路达四十余里之长，整个南北交通完全隔绝。于是他们便在月色朦胧中把县城三面包围起来，每个战士的血，都兴奋地激荡起来，勇武直前地爬上城头，当将敌人的大炮很便利地搬下几门来，可怜的“皇军”尚在睡梦方酣中。但由于他们的技术还未周密调整，冲锋号忽然在后面响了起来，这样，“皇军”便在睡梦中爬起。一时机枪大作，顿时敌我不分的混战了。酣战的结果我们忠勇的游击队伍便不得不退却下来。而敌人的这一次覆亡危难，算是很幸运的度过。

夜袭失败了，但他们并不灰心。他们很清楚地知道在城内的“皇军”为数不多，实力单弱。于是他们慢慢地化装入城，因而在里应外合的攻击下，“皇军”终于不支而退。而赵城遂告克复。可是我们游击队伍，终竟是游击队伍，不能和正规军一样作战。在破坏交通扰乱后方出奇制胜则有余，保卫城市、死守阵地则不足，两日后，敌军增援到来，我们的游击队伍就被迫不得不忍痛退去，于是赵城又蒙上一片黑暗的云雾，复沦陷敌手了！

敌人遭受了这一次打击，他们特别注意了，四月十七日，敌军七百余人满载武装由汾西出发，沿汾水西岸前进。每一个村庄，他们都要穿过，借此以窥虚实。然而我们游击队伍的情报，是神出鬼没的，事先早已知道。就在汾水西岸的登临，好义和村，预先配备了武装，布置了防线，准备与敌人决一死战。是日下午果然敌军赶到，于是一场鏖战即时开始。相持达四小时敌未能冲出，可是我们也由于弹药不足，器械不良，未能达到歼敌目的。适刘军驻防汾西、郭香、对竹一带，便由刘军开到一批生力军，附炮二三门，大举挞伐。敌渐不支，纷纷溃退城内。计是役毙敌将及二百，夺获弹药辎重甚多。这就是我们的游击队伍和正规军配合作战的成绩。

敌人为了要消灭这股有力的队伍，便想出极其毒辣的手段。我们都知道，东北义勇军是使敌人闻而头痛的。每当青纱帐起，声势更为浩大，而敌人也最感棘手。为了保护公路铁路安全，在路基两旁五里内不准种植庄稼。每一个电杆底下，都有一个他们的“皇军”在那里昼夜看守着。可是在赵城，他们不是这样了，他们狞狰的面孔，毒辣而惨无人道的手段，一一表演出来。他们认为游击队之所以猖獗，完全是老百姓的鬼把戏。于是除了无分男女老幼尽量杀戮外，所有庄村一概焚毁起来，只要是他们的势力所及，所过无一幸免。熊熊烈火在赵城附近一带，整天的燃烧。总计赵城共有一百余村，被毁者竟达四十余村，已超过了全数三分之一，据所知者有侯家纪落、南北伏牛、大小胡麻、明安、永乐、东西董村、辛堡、前涧、南北玉村，以及城内一部。人民是杀戮了，村落是被毁了，游击队应该敛迹了。可是相反的，没有减少，却在增加。他们明白了，即使在日本帝国主义脚底下作一俯首帖耳的顺民，也完全是不可能的事。因此更激起他们反抗杀敌的决心，新仇旧恨一起会合起来，向日本帝国主义索取血债。

五、“皇军”发抖了

有了这种计划周密、情报敏捷、行动一致的游击队，以及他们之誓死杀敌、勇武作战的精神，使素称“武士道”精神的“皇军”感到一种谈虎色变的恐惧而发抖了。在这南起洪洞、北至霍县、西至汾西这样一块狭长形的区域中，他们真像天之骄子一样，使敌人不能撼摇。而所谓“皇军”也者，根本就没有把他放在眼里，更谈不到威力。相反的，“皇军”却是一个一个的忧心如焚，惴惴不能自安。因此他们在目前像老鼠一样，永远躲在洞里，不敢外出一步。同蒲车由南到北或由北到南，中间必须通过赵城。如果在别处，“皇军”可以耀武扬威安然通过，在这里却要胆战心惊。每一次“皇军”经过赵城或汽车开入赵城时，不管风吹草动，“皇军”总是机枪连续不断，毫无标的地射击，直至他们走出游击队的势力范围以外，才敢稍稍停止这种惊慌失措的窘态，说明了敌人是怎样胆小如鼠的害怕，也更说明了我们游击队在敌人的眼中是如何的威风凛凛。

目前盘踞赵城的敌人不过二三百人，附炮四五门。由于同蒲线上分段被我袭击，敌人只在几个重要据点上闭门死守。西南、东南各重要渡口以及各重要城镇次第收复。这种指日可以肃清残敌、造成有利局面的功绩，游击队伍却占重要的位置。我们清楚地知道，游击战术不是被压迫民族解放的唯一战术，可是我们也不否认游击战术却是围困敌人最有力最灵活的战术。只要和我们的正规军配合起来，效用是非常广大的。当然达到像赵城游击队这样活跃有力，民众动员、民众组织，乃至民众武装，是一个唯一的条件。

晋南的民众是怒吼了，让它很快地燃烧到全国去吧！

◇ 选自商务印书馆1938年版《抗战丛刊》第五辑

新四军在江南连续战斗

◎《救亡日报》报道

抗日战争全面爆发后，国民党迫于日军攻势，与中共达成协议，南方各省红军游击队改编成一个军，开展抗日游击战争。1937年10月12日，南方8省13个地区的红军和游击队，改编为国民革命军陆军新编第四军，叶挺为军长。新四军组建后，英勇战斗在抗日前线，屡战奇功，在我党我军的历史上创建了光辉的业绩。本篇通讯即报道了新四军1938年5月至7月间的一系列战斗情况。

活跃中的江南游击队，自经军长叶挺、副军长项英率领下的新编第四军开到以来，更见声势浩大。现敌军越发惊惶万状，南京近郊，草木皆兵。新四军的部分先头部队且已迫近上海。以下为新四军自开始与敌接触起至最近的战斗情况：

（一）五月十三日，第一次接触。敌约一中队由巢湖登陆，向蒋家河口我军进攻，经迎头痛击，敌几全灭。计击毙敌官兵四十四人，俘其受伤兵十七人，缴获敌军旗一面，长短枪共二十支。

（二）六月十六日，敌三千余人向舒城前进。我军遂于舒桐间乘其前进不备之际，向其零落部队施行突袭，待敌回援，迅即撤回。计击毙敌官兵二十二人，生擒其官兵七名，缴获军用品甚多。

（三）六月十八日，我军原定派一支队于十日晚进攻镇江以西之下蜀街车站，因敌守军工事坚固，戒备严密，且有汉奸告密，乃避免硬攻，将铁路电线彻底破坏，神速地迁途后撤。及至卫［韦］岗地方，遂在两旁山地埋伏。十八日晨敌由镇江开来载有辎重与敌军汽车五辆，我军趁而袭击将之全数击毁。是役我伤亡五人，缴获敌长枪十一支，驳壳枪一支，手枪一支，夺获敌重要通报一批，卫生药品一部。敌之土井少佐、今井大尉于是役被击毙，另敌士兵与下级官佐死亡十六人，伤九人。

（四）六月二十八日，我×支队之一部于竹子岗附近伏击敌之汽车五辆，活捉日本之华中特务机关经理官（伤重，旋毙命）。其后续之汽车尚距十余里，闻枪声即返遁。午后，敌步兵三百余人，骑兵一小队，炮四门，由汉奸引路攻我宿营地点之孔家道［边］。我军事先已得民众报告，遂分途埋伏，予以痛击，激战三小时，至黄昏，敌放弃死尸，狼狈遁去。是役我军破坏采石间铁桥三座，使敌十日不能通车。又破坏公路约三里，并将南京附近铁桥炸毁，使敌不能通车。即击毙敌官兵三十四人，毁敌汽车六辆，夺获日币四千二百元。

（五）七月一日，我军某支队在秣陵关附近执行如下任务：一，解决朱门伪组织维持会；二，解决禄口伪组织维持会。是役击溃伪保安队，缴获步枪七十三支，驳壳一支，轻机枪五挺，手枪五支。

（六）七月一日，我军某支队袭击新丰车站之敌守军广江部，敌共分五队，颇为顽抗，经我冲击，敌退楼上死战，我军乃派兵进至屋侧，乘风纵火，其全数焚毙，未逃出一人。是役毙敌官五名，士兵五十三名，缴获步枪十三支。

（七）七月二日，奉令解决匪首朱永祥。朱原系本战区之边区部队，但专敲民诈财并暗派其参谋［长］林楚才往南京接洽降敌，于七月二日，林逆引敌伪军来接洽朱部投降，×支队当即进剿击溃之，经追击战斗后，在秣陵关附近朱门将其全部解决，俘获逆首朱永祥，副司令韩吉昌，已解呈上级处理。计是役俘获伪逆官兵三百四十四名，击毙十名，缴获步枪一百五十九支，迫击炮二门，重机关枪二挺，轻机关枪十二挺，迫击炮弹六十发。

（八）七月七日，我×支队于丹阳附近截击敌汽车十二辆，当即将敌辎重兵五名，下士官三名全数击毙。是役夺获食品、香烟等无数。全游击队指挥员、战斗员遂有竟日之聚餐，大嚼之后，即破坏公路桥梁六座，以资纪念七七抗战。

（九）七月十二日，我×支队之一部在新堤市（句京间）（编者注：应为新塘镇）埋伏，发现敌汽车两辆驶来，当即击毁之。后敌又续来汽车五辆，顽强抵抗，我军予以相当杀伤后，即神速撤退，半小时后，敌援军飞机二十余架配合坦克车大炮骑兵向我原阵地猛烈袭击，不知我军早已安全远飏矣。是役毙敌官兵四十二人。

（十）七月十四日，×支队之一部向南京以南西善桥之敌守备队施行夜袭，毙敌三名，缴获步枪三支，敌仓皇溃走呼援。是役并破坏铁轨约二里。

（十一）七月十四日，×支队在黄池附近，与汉奸部队遭遇，激战之后即加以彻底的歼灭，是役计俘获官兵七十七人，击毙三十名，遗弃伤兵五名，缴获步兵炮一门，步枪四十三支，炮弹十三发，手榴弹一百余个，步枪弹无数，马三匹，军用电话□具，其他用品无数。

（十二）七月十五日，我×支队于下蜀街附近，消灭孟谢两汉奸部队，缴获步枪四十支，子弹二千发。

（十三）七月十七日，敌因我军深入游击，感受极大威胁，尤以交通运输为甚，于十七日派出兵一千六百名由下蜀、能［龙］潭、高宝［资］、汤水［山］、句容共分六路攻我某部之驻地，各路均附有大炮三门，经我痛击，突围而出，转入另有依托地带。是役敌难耐酷暑，病者七十余人，次日大部撤退，仅留六百余人，盘踞东西谢村。

（十四）七月十八日我×支队在庐无、舒桐地区与三河镇一带解决汉奸托匪之武装某部，并于三河镇袭击伪军，共缴获轻机枪六挺，步枪二百三十五支，舒桐间交通被我切断，巢合路上我极活跃。

（十五）七月十九日，×支队之一部在三岔河解决黄池溃逃之汉奸部队残余，计毙敌官兵二十三名，遗弃伤兵十二名，缴获步枪八十三支，驳壳二支，手提机关枪一支，轻机关枪一架。

十九日以后，新四军活跃更甚，详情容待续报。

◇ 原载1938年8月17日《救亡日报》

“皇军”的没落

◎ 孟秋江

1939年9月到1944年8月，中国军队与侵华日军在长沙附近进行了4次大规模的激烈攻防战，史称“长沙会战”。在战斗中，日寇受到我军的沉重打击。本篇通讯即写于1939年10月第一次长沙会战结束后，通过大量事实揭露日寇对我国人民所犯下的罪行，促使全国上下同仇敌忾，加强了军民合作的力量，更展示了穷兵黩武的日寇必然灭亡的命运。

一、烧杀奸的结果

烧、杀、奸三件事，已经成为“皇军”“群众纪律”的内容，他们想中国老百姓这样便可以征服了，驯服的当顺民。或者，他们想残酷地使中国老百姓屈服，去怨对政府，敌军占领之后，换个面孔，抱抱孩子，给几块糖，想怀柔中国老百姓。

在进攻长沙失败的过程中，敌军开始了最惨的溃退，他们到处烧杀，对一个村子和市镇，两头烧，中间烧，独间房也烧，带不走的伤兵和死尸，架在屋里连房子一同烧，使我军找不到，勉强做到战场上不遗弃尸体，瞒过了厌战士兵的眼睛。但是，烧的中国老百姓的房子，中国老百姓在山头上看得很清楚，日本鬼子烧房子！老百姓看见杀了他们的父母兄弟，奸淫了他们的母妻姊妹，比烧房子还痛恨！现在他们怎么样了？小孩的答复："烧屋、杀人、奸淫的日本鬼子，打死他!"头发斑白的老年人说："没有枪，杀人放火的鬼子，我都可以打死几个!"从高桥、金井到平江，由平江到献钟、嘉义长寿街、朱溪、龙门、桃树港，我们都听到老百姓打死强奸妇女的鬼子，用扁担钉子打死鬼子的故事。

没有亲眼见过的外国人，对敌军的残暴看成神话。我们的老百姓，也有个把不相信。对政治工作员的话，舞台上的话剧，取了"难道是真的吗"的态度。长寿街的一个妇人看过话剧后，她说："我不信!"敌人到长寿街，她不走，然而她不相信的烧房子杀人，都让她亲眼看过，而且亲自遭受了三次轮奸。我们军队回来了，才把她送进医院，像她这样思想较为顽固的人，也被千真万确的事实惊醒了，做了人证。

过去，一个地方失陷，总有几个败类出来应付敌人，这次，没有一个老百姓接近他们。我们军队离通城二十里路的×××××，×××的最前线，和在幕阜山以南的地区内，帮助老百姓割稻、打谷、犁田，帮着老百姓补修未烧完的房子，这种事实，更加反映了敌人的残暴，加强了军民合作的力量。

二、掉队的"皇军"

遥遥无期的战争，破坏了百余万日本弟兄舒服的生活、快乐的家庭。每次的侵占，维系着他们回家的希望。可是这次是溃退了，凯旋的想象，抛掷在飘渺的远处。聪明的日本弟兄，离开战争，投靠我国受优待，等候中国胜利的一天，回家去团圆。菊地信夫，是甘粕师团古田联队柴崎晃窗中队的骑兵上等兵，今年二十三岁，仙台市高等小学毕业。他的马，在战斗中被打死了，溃退的时候，他用两支腿代替了马，当他们的部队退出长寿街龙门厂的时候，菊地信夫就在一个叫杨梅井的地方丢开了日渐没落的"皇军"队伍，一言不语地分别了同伴，走上了山。

在山上，等“皇军”走得远了，我们追军部队过去，地方相当恢复了秩序，他的生命，可以没有危险。所以他事前换好许多江西裕民银行的兑换券和中央银行的辅币券。肚子饿了，可以买到东西吃。四五天以后，在山上看到一座屋上有十字架的教室，一个外国神父在活动着，他走到教堂去要求保护了。

一身中国农民的衣服，横持着马枪，那个神父看他这种神情，请他进去吃饭，神父先吃，他才吃。神父两句中国话一句英语和他谈，要他把枪交给自己，他以手作自杀状，不肯缴。神父说：“这里的总司令是我的朋友，我一定可以要求保护你的生命。”这样他把枪缴了，示意埋到山上去，不想再看见那残杀人类的武器。休息一天后，他的精神，是自由的愉快的了。送到总司令部的时候，服务团的团员唱《日本弟兄》的日本歌欢迎他。他也会唱，早就学会了，准备这么一天来应酬的。相信在再一次的溃退中，像菊地信夫这样的日本战士一定更多，我们预备更多日文歌欢迎反战的日本弟兄，歌唱“皇军”的崩溃！

三、新坟累累葬“皇军”

过去，在战场上，我们很少看到敌军遗弃的死伤者。现在不同了，连烧化了的骨灰，不能运回东洋去，抛弃在中国。特别在长寿、龙门、朱溪厂、桃树港这些地方最狼藉。野狗吞噬了的肢体，我们的士兵替他盖上一层泥土。平添了许多战迹，经过若干时日，白骨无人收，流散各地的也是我们的士兵为他掩埋了。田野间，耕地的犁，犁出了一支穿黄卡几布制服的腿来。苦竹岭，敌人由那突围窜去的岭上留着七八个土堆。联队的臂章留在外面，不可遏止的臭味，从那里冲出来。

差不多每块土地上都见到黑灰，没有燃掉的胶鞋、白的骨灰，成为磷质的肥田粉。他家的父母妻子，也许还在祈祷“武运长久”，盼他凯旋。

这一次的战争，因为我们布置的周密，逼着优势装备的敌人改变装备，配备了很多的辎重部队。谁知我们的某部看破了他的弱点，五次的侧击，专打辎重部队，消灭运输力，等于消灭战斗力。

桃树港敌人越过南楼岭，进逼长寿街，这里是二瓶部队的野战医院，重伤不能活的，都葬在一间屋后的田里。每个人的坟上插起木牌，还守着同伴的友谊的悼痛的文字。想不到会把这些死者抛在异国，自己还到崇阳武汉去了。我想那些与死者熟悉的，一定凄然忆念桃树港的一角。

在远处山脚下，还有两个辎重兵的墓和远照号军马的墓。在十月九日夜里，给我军包围中的伤者，他们的长官把他们遗弃了，烧死的担架上，穿着足趾分开的胶鞋的脚，还留着半截。南楼岭前的棺材山，将埋葬所有的敌军。

（一九三九年十月二十九日长寿街）

◇ 原载1939年11月16日《新华日报》

昆仑关的攻略战

◎ 范长江

昆仑关在广西首府南宁市东北，为桂南进入桂中腹地的必经之处，战略位置十分重要。1939年12月18日，中国军队在这里与日军展开大战，在当地群众的支援下，血战十余天，终于收复了昆仑关。正如本篇通讯所说，“昆仑关之攻略战还是关小门，打小虎，关大门，打大虎的局面还在后面”，当时抗战已经进入相持阶段，昆仑关战役给予日寇沉重打击，显示了中国军民的民心、士气和抗战到底的决心。

抗战将接近相持阶段，自然还不是提倡战略反攻的时期，但是在战役相持的情形下，战略的反攻应当是必要而且可能的，南宁外围昆仑关攻略的经过，就是一个明显的例证。

“昆仑关”不是一个等闲的地方，它是桂南桂北的出入总口，处大明山中的南北通道，横亘迁江与邕江之间，如南对北言，有昆仑关则可以保邕江流域南宁与龙州的安全，反而言之，由北对南言，必须有昆仑关，确守大明山要隘，柳州桂林始得安稳。

历史上，关于昆仑关的故事，都是有声有色的。宋朝狄青征西南，和侬智高在昆仑关对峙。侬智高把守昆仑关，北向阻拒狄青，狄青驻大明山北之宾阳，而苦无破关之法，乃利用当时苗族智识比较落后这一个特点，用欺骗方法以懈侬军。时正废历年关，狄青下令全军休假过年，终日张灯结彩，杀猪宰羊，毫无战斗准备，侬军侦知，以为狄军最近无攻关意，守军便松懈关防，狄乃连夜拔营，急行军以袭昆仑关，大军间道过关，使侬军忙无所措，苗兵遂告失败，至今在大明山一带的居民，无不知“狄青夜渡昆仑关”的故事。据传白健生将军在任下级干部时，即在昆仑关曾作不少战斗演习，在统一广西的过程中，昆仑关之争夺战，白将军亦曾有惊人的经历。

照古代意义而言，昆仑关之险要，即在昆仑关之本身，所谓“一夫当关，万夫莫入”。而自新兵器使用以后，昆仑关之险要，已不在关的本身，而在其四周之高地。如是南北而言，北起思陇，南过昆仑，九塘、八塘以至七塘，纵深三十余里之间，皆为昆仑关险要地区，而昆仑关则为此关隘区之脊梁，亦为迁江邕江之分水岭，如就昆仑关口所在地东西形势而言，今日险要亦不在昆仑关的关门，而在关口四面的高地，特别是关北的罗塘，同兴及界首附近的高地，也就是敌我这次昆仑关战役中决定胜败的地方。

敌人在十二月四日占领昆仑关之后，即在昆仑之北各山头作成强固的野战堡垒，若干人的判断，以为敌人主要阵地一定在八塘，昆仑关只是前进阵地而已。我军于十七日占领预阵地后，十八日即向敌正面进攻，此为我攻击之开始。在正面攻击之同时，我别遣支队占七八塘间之山心地方，断敌联络，十九日我已占昆仑关西侧高地，敌后六塘一带被我军破坏敌运输汽车四十余辆，敌此时已成四面被包围的形势。二十日正面恶战开始，我战车循公路直冲昆仑关，因道路逼窄，施展危难，终被敌战车防御炮击退，此为我方第一次谣传克服昆仑关的由来。二十一日敌我正面争夺山头，无大进展。二十二日我正面攻下同兴高地堡垒，歼敌二百余人。二十三日我实行强力侧背攻击，围昆仑关南十里之九塘，断九塘与昆仑关间道路，并以一部攻九塘南十里之八塘，敌已成八面被我围攻之势。二十四日我正面又克昆仑关西北前方之罗塘高地，得敌十余堡垒，歼敌三百余。死守昆仑关之敌为第五师团之四十二及二十一联队，日即危急，其旅团长中村正雄乃率部强行经过公路增援昆仑关，被我击毙于九塘与昆仑关之间，敌人此时后援不继。二十五日我军乃以精锐从罗塘进占昆仑西

昆仑关战役期间，白崇禧视察前线

方之仙女山，然后顺山冲下，直入昆仑关关口，占领敌指挥所，并消灭敌炮兵指挥部。我正面同兴方面侧击杀敌炮兵用骡马，使敌炮兵不敢移动，直至二十六日我军皆占据昆仑关门，此为后方所传再克昆仑关之事实，唯关外高地尚大半在敌手，敌始终不殆。二十七日敌后湾守备队之林及渡边两联队又增援调整态势，撤退入关之兵，转攻正面，特别专攻昆仑关东北面的界首一带高地。二十九日克界首东北西三面高地，自此敌主要堡垒全失，阵势大乱。三十日我继续猛攻，正面再作入关突击。三十一日昆仑关关口南二里之一扒及六成两山地为我占领，自六成六扒间通过之公路，已完全为我掌握，昆仑关口之敌，除已被消灭者外，全为孤军，再经我军四面夹击，昆仑雄关之险，始为我军所有。然敌在一月二日又增援，及夺昆仑关，我军遂与之在六扒六成间作激烈拉锯战。二日我军克九塘，敌始全部溃退。至一月十三日止，敌我尚相持于八塘九塘之间，故昆仑关之正式克复，应在十二月三十一日。

对于南宁战局之原则之指示，为“关门打虎”。对于南宁而言，这个门在邕钦路上。对于昆仑关而言，这里还有一道小门，就是南宁与昆仑关之间，这个“关门打虎”战术，要有两个条件才能成功。第一个条件是门要关得牢，不要放敌人出去，特别不让新敌人进来，第二个条件是打要打得死，否则这个战术不会成功。

我们这次在昆仑关担任“关门”与“打虎”的部队是十分胜任的，迂回侧击与正面猛攻，皆异常坚决与果敢。我们“关门”的成绩怎样？可以从几件事情上表现出来。第一，敌人后路切断，粮食、人员、弹药都用飞机来输送，甚至于饮食用水，敌人也用飞机投下。第二，从一个敌兵的日记上看到，敌在昆仑关山上之某一班人，只有五两米要支持三天。已经有些敌人杀他们的战马来吃了。第三，昆仑关敌万分紧急之际，敌旅团长中村正雄不顾一切牺牲，强行自我火网封锁下增援，因而阵亡。敌人旅团长之死此尚为抗战以来第三名。第四，敌炮兵不能大量增援，而已有之炮兵炮弹亦少。

我们不但关门关得好，而且打虎也打得不错。此次系在险地隘路中攻击强敌，实非易事，然而我炮兵与步兵却创造了神勇作战的高度纪录。我们一月十一日亲到昆仑参观，见罗塘同兴界首一带山头，已成光顶秃山，草木绝迹。此盖为我炮兵之杰作；敌人死守山头，我炮兵乃集中火力，猛炸山头，根本把敌人堡垒炸翻，壕堑破裂，使素以炮兵制服我军之敌军，至此亦不断哀叹我炮火之猛烈，而怀死灭之悲哀。不但炮兵如此，我步兵之神勇，亦使敌第五师团惊为空前劲敌。我此次步兵之运用，充分发挥了攻击的精神，对于每一攻击目标皆行“断然攻击”，不计牺牲。

如攻四四一高地，我七营人不断攻击，只剩下二百余人，使敌胆为之丧。而此次攻击中之机动作战，亦为攻击成功之要素。我担任攻击之强力部队，时而侧击，时而正攻，时而迂回。决断机变，行动迅速，使敌应付仓皇，莫测我主力之所在。

这次战果是空前的。敌第五师团之四十二和二十一两个联队，及一个炮兵大队，大半被我歼灭，除前述之中村正雄旅团长外，二十一联队长杉木及四十二联队长亦皆阵亡。敌官长计死百分之八十五（据敌方自己记录），士兵被歼灭者总在五六千人之间。敌因死伤太大，退却狼狈，其联队部文件几大箱皆未毁灭，炮兵观测器及其他炮的附件，亦完全埋藏地中。被敌遗弃的武器，计战车防御炮弹几千发，步枪千余支，步枪及机枪子弹二三十万发，轻重机枪百余挺。

此次攻昆仑关的主力是杜××部，而据前方各级官长之公评，杜部中之最有战绩者为郑洞国部。敌人第五师团是他们陆军中的精锐，这回总算了解了中国陆军的威力了。

昆仑关之攻略战还是关小门、打小虎，关大门、打大虎的局面还在后面。

◇ 原载1940年1月20日《云南日报》

鄂西会战记

◎ 杨培新

始于1943年5月的鄂西会战，历时一个多月，战线东起湘北滨湖之华容，西止长江西陵峡口之石牌，绵亘千里，最终以中国军民的胜利结束了战斗，挫败了日军沿长江向上游进攻的图谋。本篇通讯以全景式的描写，展示了鄂西会战的艰苦激烈。

杨培新，抗战期间曾为重庆《大公报》撰稿，所作《鄂西会战记》一文在抗战后方产生过较大影响。

敌寇的企图

鄂西之战，敌人似有探窥陪都企图。由于北非之捷，日寇深感德意势力日没，必须有在远东单独与英美作战之决心与准备，才能应付这行将到来的不利局面。因此敌国内“解决中国事变”的口号高唱入云。而“解决中国事变”最便捷的途径，则为进犯陪都外围的巴东恩施等地，打击江防军，以便长驱直入，威胁重庆。以故敌于此次会战使用大量兵力，其司令官亦由汉口迁驻宜昌亲行指挥，以求一统。

“扫荡”江北　驻足江南

敌人蓄谋西进，早在今年春间。二月间即发动江汉菱形地带的“扫荡战”。进攻我江北×部游击部队，撤退大江以南；并猛攻我×××师×部，企图一举歼灭。一面由白螺矶君山分路进犯燕子口、聂家河、朱河、三家店、黄公庙而至监利城，一面由岑河口、资福寺南犯郝穴、新厂。敌人这一企图侥幸获逞，于是敌人开始觊觎江南。

三月八日敌分路强渡长江，猛犯岳阳迄江陵三百公里阵地。经数度增援激战，敌占华容、石首、藕池口、弥陀寺四大据点。三月底由激战而拉锯而沉寂，常德虽告无恙，但敌占据华容等点后，竭力经营，修公路，筑工事，以图大举。

滨湖绪战

五月四日敌猛攻安乡南县，血战四昼夜，八日敌抵安乡南县一带，并包围津市澧县。敌虽宣称将南取常德，实则为声东击西。敌在安乡南县作战之另一阴谋则为包围我滨湖部队，歼灭我野战部队。

敌寇大迂回

五月十三日，敌第××师团自洋溪渡江，进犯潜江县城，西犯企图完全暴露。十五日敌又在枝江城前强行登陆，会洋溪之敌围攻县城。同时敌于十四日由弥陀寺直下公安，然后移兵西略松滋，并以便衣队于十五日进袭松滋东南磨盘洲新江口，会合后，进犯松滋西斋刘家杨等地。是役并曾使用少数伞兵。津澧外围敌亦于十七日犯三溪口，煖水街敌十日犯子良坪，曾犯渔洋关，渔洋关血战数日，终于二十三日沦陷。战局至此突告紧张。

敌人于此实行大迂回，企图数路包围我驻公安松滋等地之野战军。包围之势既成，敌乃不断宣传我野战军行将就歼，以为便可长驱直入。岂料我军事当局早洞悉其奸，我军乃毅然突出重围，经由津澧外围增防渔洋关一带，卒使敌无法西窜五峰鹤峰等地。

枝江洋溪之敌于二十二日猛犯聂家河，窜至长阳磨市。同旧宜都北岸古老背之敌又渡江南犯，侵至鄢家沱，两路曾攻长阳县境清江南北两岸。二十四日长阳不守，敌一路北犯板桥铺、偏岩，一路沿清江西犯都镇湾、马连等地，图西掠资丘野三关。同日渔洋关敌大部北进，经都镇湾等地，会合长阳之敌。至此，敌各部实行侧击之野战军，均×台于清江两岸，达到预定的决战地点，正

石牌要塞旧址

面攻击时机已渐成熟。在此阶段，我军深知敌步步包围逐步歼灭的诡计，乃且战且退，始终避免包围，保全实力。并避免在公安松滋枝江宜都等地势平缓之丘陵地带与敌决战，而诱敌至宜昌长阳五峰等武陵山脉山岳地带，使敌人步步上山，失去使用重武器的可能。因此，敌人在这一迂回战阶段歼灭我第×战区实力的企图失败，便使敌人虽然顺利到达决战地点，仍然不能避免覆灭的命运。

石牌大决战

敌第××师团及第××师团五月二十三日于宜昌南岸磨难山出动，在炮火及敌机掩护下，对我石牌要塞展开正面攻击。在简家台绳家坝激战，并窜入赵家坪。至五月二十九日敌窜入八斗方、曹家坂，猛攻石牌。至三十日战事已入最重要关头。敌人既接近要塞，乃决死战，战事空前激烈。八斗方一地敌军遗尸即达二千三百余具。

此时敌野战军自长阳以北猛攻宜昌南部武陵山脉之荆门支脉，第×师团二十四日由凤凰山犯偏岩，二十六日犯夹垱口。同时渔洋关敌又窜抵木桥溪，围抄我三斗邱之后路，迂回石牌；长阳敌犯天柱山馒头嘴，企图与正面配合围攻石牌。大会战于是开始。

我军奉统帅之命坚守石牌要塞，自吴副司令长官兼江防总司令以下，方天、胡涟、罗广文、赵秀崐、王元直、唐肇谟诸将领以及全体官兵均誓死坚守，并以×××军坚守木桥溪一线。血战五昼夜，敌寇屡次猛扑，俱被击退。最后敌终至再衰三竭，有摇摇欲坠之势。我军委会发言人谓石牌为作战之轴心，诚非虚语。扇轴破碎则全扇瓦解，扇轴存在则伸展自如，不数日后，反攻之扇果然大展威力矣。

侧翼出击　全面反攻

敌军使用包围战略，我军反攻亦采包围战略。敌因迂回我军而遂绕渔洋关攻略木桥溪，战线宽，补给线长，兵力遂形单薄，我军遂利用此一弱点，于二十七日由资丘五峰猛围敌军后路，经两昼夜战斗，攻克渔洋关。敌后路截断，我已完成对敌包围态势。敌已至非前进即后退之最后关头，狗急跳墙，猛攻石牌，但石牌始终屹立不动。而正面我军却自三十日起乘机出击，全面反攻，我机亦自二十七日起连日出动，猛炸长阳偏岩宜昌等地敌军。至三十一日敌军全线崩溃。

五月三十一日起，我军全线反攻，以雷霆万钧之力，连克木桥溪、都镇湾、鸭子口、馒头嘴。侧面我军一路由渔洋关尾追残敌至聂家河，挺进枝江，一路挺进长阳。于是残敌惶恐万状，一败涂地。正面我军一日连克曹家坂、夹坞口、天柱山，二日克复大桥边，三日收复偏岩子，宜昌方面完全恢复原态势。我军侧翼攻击结果，二日克长阳、鄢家沱，清江以北已无敌踪；三日克复枝江，四日进抵洋溪。残敌到处被截断，无法逃逸，乃经长阳五峰×山小道窜集宜都磨市一带负隅顽抗。我军一部于三日冲入宜都城郊一带激战。宜都克复已不成问题，（按宜都已于八日克复）敌野战主力的第××师团行将全部就歼。

津澧外围我军亦乘胜夹击，予三十一日克新安，六月一日克王家厂、煖水街，三日包围公安，四日克复安乡、羌口，五日克复南县，六日包围藕池口。进抵华容城郊。

综观大势，欲还我完整江南，收复华容石首，铲去敌寇蠢动的据点，则尚有待于藕池口之战。

激战一月，敌军终于在鄂西堡垒之前碰壁，敌人虽肆口宣传“目的已达”，但检视其实际的“战果”，则为伤亡兵员三万余，骡马千匹，被俘二百余人，骡马百余匹，飞机二架，山炮迫击炮十余门，轻机枪五十余挺，步枪五百余支。这犹是前数日为止之数字，我军正在尾追痛击，战果在日益扩大中。

胜利的因素

此次陈长官辞修将军坐镇施垣，指挥若定，经月余之激战，卒使陪都外围转危为安，鄂西成一堡垒。

吴副司令长官兼江防总司令指挥得力，贯彻命令，江防军将士能切实执行“平时多流汗战时少流血”之指示，构筑工事，凭险坚守；由于友军协同，如第×第×战区之协同，江北周冯两军团之协同，中美空军之协同；中国人不打中国人，敌有以我国同胞（据云以南昌人为多）充下级士兵，日人充上等兵以上职务之编配，但我国同胞多深明大义，杀敌携械来归，例如敌二一七联队即有士兵二批向我××师投诚。

此次鄂西会战，空军战绩实犹为突出。当血战方殷之时，空军自二十七日起连日出动轰炸，虽未能配合地上部队联合作战，但对鼓舞士气、阻敌行动、破坏交通、沮丧敌军，大有贡献，故鄂西军民一见神鹰凌空，即志气百倍，欢呼不已。甚盼盟邦多多以飞机援助中国。若得铁鹰千万架，不仅宜昌可复，武汉亦指日可下矣！（六月八日）

◇ 原载1943年6月17日重庆《大公报》

武汉空战

◎ 朱民威

1938年间的武汉大空战，是中国抗日战争史上著名的空中战役之一，本篇报道即记录了1938年8月3日空战的战斗过程。尽管当时中国空军的飞机性能和数量远远不如敌人的，但年轻的中国空军不怕牺牲、英勇顽强、技术高超、敢打敢拼，配合地面部队沉重地打击了日军的嚣张气焰，极大提高了中国人民的抗日热情。

朱民威，抗战期间任汉口《大公报》记者，著有《衡阳四十七天》《天空记事》等。

（一）敌机七十一架来袭

八月三日的上午，正是大家拿着报纸翻阅张高峰战事消息时候，电话铃响了，指挥部里的情报是敌机编队大批来袭武汉。于是，这些生龙活虎似的青年飞航员，马上套起夹克外衣，奔向飞行场。机械士们已把机器喂足了油与电，让这些轻装的空中龙骑士跨上机座，就开车滑走。这些龙骑士们一架一架的划一的排列线上向前面上空起飞，像荒郊中的苍鹰，漫天盘旋。

从前面防空监视哨传来的情报完全到达的判断里，来袭武汉的敌机是：第一批六架，距武汉仅五十公里的上空编队行进；第二批二十一架在距武汉七十公里上空行进；更有第三批的四十四架也在结队向武汉飞进。

（二）远道而来轰炸战果是炸毙小鸡十只

先是我方飞机升空，机声充满了警报鸣后的市空。慢慢的他们结队飞向大武汉的四周与高空层去布防警戒，于是市区上空陷于死寂状态，只有高射炮的大黑嘴伸长颈项等候他的可口食物之来临。

十点半钟，编队飞行的大批敌机由襄河长江毗连处上空进入我汉口飞行场航线。嗡嗡的重轰炸机声沉闷地带来日本军阀蛮横臭气，在高射炮阵地指挥的吴连长用他的望远镜紧张地向晴朗天空搜索敌机，在极高极远的天边，是九架微小的灰白点子编队向机场前进。一会儿，在九架后面又跟进九架，这些都是敌人的重轰炸机，在后面，更高空还有十架轻悄的九六式驱逐机在做着掩护。

参加过武汉空战的中国飞行员

到机场上空，这些远道来客马上撒下带来的炸弹。炸弹落下通过空距激动空气的风声像敲碎一阵玻璃那么清晰。半分钟不到，这些颇费力气载到汉口的炸弹都落下来，在机场后面村舍附近荒郊上开了花，有十只农家雏鸡在爆发的烟尘里毙了生命。

我们的高射炮手抓住敌机投弹机会匆匆地给他一阵瞄准射击，虽未命中，却也够使敌机狼狈地拆散队形开足油门逃去。

（三）逃不出预布的天罗地网

在汉口北面我第×大队的空中龙骑勇士，在布阵横阻于敌机逃生的航线。看见如此庞大一群目标漫飞而来，真是到口的肥肉，哪能放松？一个个拉准机头，箭似的加快速度，向敌阵杀进。机枪吐着火舌，上下翻腾，逼得敌人轰炸机走投无路。这时，在上空掩护敌轰炸机的九六式敌机，马上从紧随状态中拆散队形，向我机来攻。我机于是放掉敌轰炸机群，专来和其驱逐机格斗。很快的×××大队长与许宝君二人各控制敌机一架在手，一顿机枪狂射，都成了狂坠的尾旋状态栽下去。剩余的见不是对手，慌忙逃遁。被我机追到黄石港附近，由小苍鹰的神速机赶上追击，敌重轰炸机一架被击命中，起火坠下。

江南田野，武昌洪山的宝塔附近上空，我第××两大队铁甲兵团，又遭遇到足有四十多架敌驱逐机，一阵热烈的厮杀，先后击落了八架敌机。这一顿冲杀总算是偿还了一些“七一二”“七一九”两次敌机屠杀我武汉人民的血债。那些“大和魂”空中魔鬼都在我机勇士的机枪命中下了结生命。

（四）我机返航琐话

我机追击残败的敌机像秋风扫落叶，直到近九江的江南北两岸才返航。在奋战之余，又得小心地安全着落，这批空中龙骑军可真是动如苍鹰、静如处子。一个个下了飞机，到指挥部里来报告战绩，谁也不能说那架敌机是谁的枪弹击中起火，那架敌机“武士”是谁的枪弹送命。大家集中研究计算，共有十一架敌机尸骸葬送在我方集体火力网中。

对于还未归来的战士，大家对空尽目力去巡视，希望他们归来。在几分钟之间都陆续地回来了，是因为追击过猛的关系才致晚归。最后来了一架独归机是王建勋所驾，他的机子在追击中落了单，被敌机先后聚集了六架包围攻击，曳光弹、破甲弹以及燃烧弹，不断地向他身前左右泻来。他的乘机一共中了六十多粒斑斑弹痕，他的飞行帽被击穿一孔，那粒子弹而且掠穿头皮，剃掉他的一撮头发，可是他不仅没有死，而且奋勇地击中一架敌机，看它尾旋栽下，才脱离包围圈驾机归来。

指挥部里的×主任、×厅长听了他的叙述，都很重视。×厅长用手抚摸了一下王建勋受擦伤的头，对于他今日大险不死，似乎以他“留得青山在，不愁无柴烧”为幸。

◇ 原载1938年8月4日汉口《大公报》

衡阳四十七天

——空军一孤军陈祥荣的经历

◎ 刘毅夫

1944年6月23日，衡阳保卫战打响，中国军队在湖南衡阳奋力抗击近6倍于己的日军，血战整整47天。这是中国抗战史上敌我双方伤亡最多，中国军队正面交战时间最长的城市攻防战，被誉为“东方的莫斯科保卫战”。尽管衡阳最终陷落，这场战役仍重创日军，震动了日本朝野，直接促使东条英机内阁的下台。

刘毅夫，1911年生于辽宁沈阳，抗战期间任军事委员会空军联络员，在各报发表有一批表现空军战斗的文章。抗战胜利后，曾任辽宁省政府首席参事、本溪县长、抚顺市长等职；后在台湾从事新闻工作，先后任军事新闻研究会会长、《大华报》主笔等职。著有《空军抗战史话》等书。

志航大队里的陈祥荣分队长，是航校11期的好学生，也是高又新队长得意的飞行员。这次在衡阳，因为飞机涸在水田里，他成了“空军陆战队”，落在城里，和守军的官兵们生活在一起，义务兼任守军的“防空司令”。敌人攻进衡阳，他把手枪拔出来：“自杀吧！空军无俘虏。”但又转念：“为甚么要死？我还得飞回来，同鬼子们算账！”他跳进湘江，三小时半的泅水，五天的行军，他回到了后方。他自己吃了苦；他看到了衡阳守军的伟大、壮烈。六月二十七日，志航大队拂晓进军，由刘宝麟率领的第二批后续部队也在八时展翼凌空，陈履元、董启恒另领两小队在后面掩护。陈祥荣很细心地跟着刘副队长的机子，与迎面而来的雨云奋斗；初未想到这便是他走进衡阳的道路。他们两机的任务是在最低层侦察敌我的位置与行动状况，于是以一千尺的高度进入衡阳上空。地面上的敌人已经用高射炮来欢迎他们了。中国飞行员对于这种"礼节"素来很淡漠，他们把高度一再降低，以求得到更确实的情报。他们计划由西方通过城的上空，进到江东岸，然后由樟木寺转回，沿湘江及公路侦知敌人运输状况，再去祁阳。将到达城上空时，陈祥荣的飞机不知不觉的被击中了。最初他还以为油箱用完了停车，马上换油箱，仍是不动；再看仪器板，所有的表针都指零。他知道不中用了。跳伞？高度太低了。强迫降落吧！这需要马上找块平坦的地方，而同时还得注意敌我的位置。

"副队长，我的飞机被打坏了。我不愿平安地降落江东岸，我宁愿摔死在我们阵地里。我向高岭飘，我们走吧！再见，再见！"

刘宝麟、陈履元、董启恒等五机上的弟兄们都听到了他的话，大家心如刀割，但谁也不能把它停在天空，给他换一架飞机。

"陈祥荣，不要急，我们掩护你！……"

陈祥荣很沉着，先把下油箱拉掉了，免得落地起火；再把氧气口罩取下，然后把座舱罩子拉开来，免得飞机落地后摔翻或起火时爬不出来。当这些事做完后，地面就在他的脚下了。两面都是小山，中间一块稻田，他不能再选择了，这就是给他注定的生死之所。他把左手伸起挡住前额，不让头碰碎；然后右手把驾驶杆向后一拉，飞机迅速着地。水田太软了，飞机踏不着实地，便向后一坐，他的身体猛力向前一碰，手救了前额，驾驶杆碰碎了下巴，碰碎了四颗牙齿，碰穿了下嘴唇，血同泉水似的向外流。可是他一点也不觉得痛，问题是先要跳下飞机，判明敌我的阵地，判明逃跑的方向。

这些他做的都很快。他看见前方一所被炸烧了的村院，"这一定被占领"，马上向回跑。后面"突——"，敌人已在向他射击了，并未命中。他忘了穿的是笨重的飞行衣，在水田里拼命跑，跑上山坡，看见了我军的阵地。我们的弟兄跳出了战壕，“快跑啊！朋友，敌人向你射击哪！”他跑到了铁丝网前，已筋疲力尽，跨过一只腿，另一只不听支配了，飞行衣的大裤管挂上了铁丝网。

“使劲啊！朋友！”

他尽力一拉，裤管掉了，腿出了血。他看到了我们第一线的陆军部队，他好像第一次见到祖国弟兄们一样的高兴，好像自己不是由空中下来的。他忽然听到飞机声，向上一看，五架飞机正在上面盘旋，并向敌阵地扫射。他才想起来：“啊，那是掩护我的刘宝麟……啊……”他用手一摸脸上的汗，满手通红，下巴缺陷了，再一摸，牙也不见了，向前胸一看，都是血，腿下也是血。“我伤了吗?”他向前面立着的一位军官询问，同时他感到一阵头昏剧痛，不知不觉地倒下了。

“我是第十军预十师三十团第七连的张连长，请你放心，我马上送你到后边去。现在只要有我们的弟兄在，我们全连可以死，不能让你再受一点伤。”在他清醒后，这个军官的一番话，又提起了他的勇气。他流出了眼泪：“张连长，我很感激你！我也说不出话来了，你给我点水吧！”可是他满嘴都是血，一滴水也喝不进。在连部稍为包扎后，被送到城里。

陈祥荣从未到过衡阳，也很少到过前线阵地。在狭隘的隐蔽工事中，他糊里糊涂的被送到军部。方军长先致慰问及感激空军协助之意，然后马上派军医官给他重新换药。这才稍觉好些。军人喊痛，多丢脸，想咬咬牙，可惜无牙可咬，狠命地呷下去两口血，又腥又咸。他想讲话，但一张嘴就痛。方军长说：“不要说话了。你一定饿啦。”过一会，一碗热汤面送到面前；他很想一口吞下去，但是办不到，只好嗅一嗅，仍旧放回原处。下午三点半钟，城里又放警报了。他还能动，到外面一看是自己的飞机在城上盘旋。他知道这是向守军要符号，便把这意思告知方军长。

“这确实是我们的飞机吗?”

“一点也不错。赶快铺符号，不要放警报了。”等一会符号铺出来了，是那样小得可怜，只有两尺宽七尺长，这对空中一点用也没有，飞机仍在上面绕。

奉命到衡阳支援的日军

“不行啊，方军长。符号太小啊。至少要一米宽，十米长，并且还要铺在开阔的位置。”陈祥荣报告方军长。

“这是根据规定的呢！”一位管符号的军官在旁边说。

“混蛋，这是打仗，还是打官腔？马上给我改。”方军长大声地说。

衡阳的布还很多，符号马上改良了。从此我们再飞到城上空的弟兄们都很快地发现符号，而且很清楚。由这天起，陈祥荣便兼任了方军长的空军顾问，也成了他的上宾。每当飞机来时，由他判断为敌为我，警报永未错放过。地面的符号不但有我军的位置，还标明了敌人的距离、敌人的兵种。于是我们天上的飞将们便根据地面的指示，扫射散兵线，轰炸炮位。这是陈祥荣落到城里后的最大贡献；他忘记了他是一个伤兵。

二十七日之夜，是衡阳守军血闸的开放，是敌人施放毒气可耻纪录的增加。衡阳四周来晚风吹起了激烈的炮声，据点的争夺战和绵密的机步枪声已被手榴弹、大炮的声音盖住了。敌人猛攻，我军苦守。敌人看到合围的阵线又要裂开，便拼命把毒气弹向炮膛里送。

一夜残忍的恶战过去了，我们的阵地除了一小部分外，仍屹立未动。被毒死的尸体与瞎眼、前额溃烂的伤兵都源源由阵地上退下来。

“哎，陈分队长，你永远见不到在高岭欢迎你们的张连长了。”方军长对陈祥荣说。

“为什么?”

“他昨晚全连牺牲了，都是被毒气杀死的，仅有一个伙夫带口气抬下来了。”方军长很气愤地讲。

陈祥荣回想那个高个子的军官。“……我们全连可以死……”啊！他们真全都死了。他流着眼泪，想着那勇敢的张连长和全连的好兄弟。“使劲跑啊……朋友……”这不是那些弟兄喊的吗?

二十八日的清晨，衡阳已四面八方被围上了，可是军部并未进城，仍屹立在五桂岭的火线上，那里距敌人只有二百五十米。机步枪子弹不停的从头顶飞过去，炮弹也不停的由房顶掠过。经过一个比较寂寞的白昼，夜间炮火比第一夜更凶，毒气更普遍地放送，死伤的数目高得使人不能再忍耐了。于是几位性急的将领有些不耐，方军长坚决要死守。

“诸位，第十军就是衡阳，衡阳就是第十军。军人以服从为天职，这是领袖的命令。”将领决心既定，士兵们都负起这光荣的任务。敌人连续三天的总攻，我们便报以三天的坚守。

师长告诉团长：“军部仍在五桂岭!”

团长又告诉营长，营长告诉连长。

连长告诉士兵：“军部就在我们身后二百五十米，我们一步也不能退!”

敌人因攻不进，乃大放毒气。我们士兵毫无防毒器具；但是他们聪明，当敌人顺风放毒时，他们便迎毒逆风冲过去，毒散再退回原阵地。当然，这样仍免不了死亡，但却保住了阵地。

三天恶战过去了，敌人未前进一步。方军长的沉着，稳住了军心。经过三天的激战，我们的士兵们领教了敌人的毒气、炮轰，“也不过如此”。上下都有了自信，墙壁上布满了士兵们用粉笔、石灰写下的得意标语：“勇兵精将守衡阳”。

士气已定，第十军确实可以保卫衡阳了。方军长乃把军部撤到城里的中央银行，各师重新部署。陈祥荣也跟方军长住在一起。他贡献了许多关于空军的常识，这样守军可以确实得到我们空军的援助，而不必过分顾虑敌机的威胁了。敌人见三天总攻不下，便暂时停止了积极行动。

在这个战事比较缓和的期间，第十军仍天天消耗，天天盼望援军。敌人乘虚攻击；敌机白天不敢露面，总在夜里、黄昏、拂晓，向城里投弹。房子都被轰平了。我们的伤兵一天天地增多；而敌人总找伤兵医院炸。伤兵的医药本来就不多，现在更不堪设想了，炮轰和炸弹把他们的伤口扩大，蛆从溃烂的创口往外爬。吃的东西，最初几天还有肉，现在只有盐巴了。而艰苦的日子是漫长的，援军的枪声还是听不到，可是大家仍时刻在听。

半个月过去了，这真是一段可怕的日子啊！城里的一切都快完了，空气也渗透了腐尸的臭味。虽然靠着大江，可是对江敌人监视的火网，使一滴清水的价值也增加到需用生命去换了！

七月十七日，敌人又开始了总攻，毒气当然是开路先锋。我们的士兵既学会了前进的避毒法，死伤很少，敌人乃改用排炮集中轰击。阵地都轰平了，可是我们的士兵仍未放弃一寸土地。方军长看见牺牲太大，这样下去会缩短守卫衡阳的日程，乃下令自动撤退到第二道防线。

十八日可说是一个黑暗的日子，军心在立足未稳时有些慌乱了，军火、员兵、医药都成了最大的问题。各级官长又有主张突围的了。

“这样全体死在里面有什么用呢?”

“不，一定要守，守到最后一人！这是上峰的命令。现在我也看到牺牲太大了，但是我应服从命令，希望诸位也如此。我们要死在一起！”方军长这样的决定，大家都流泪了，痛哭了。

大家既抱定必死决心，同时又在后面作了一道新的防御工事；士兵们看到了后退时的保障，人心又安下来了。敌人尽管攻击，我们的健儿却越斗越勇，扶住拐杖的，包着头的，又都上了前线。衡阳成了一个演英烈传的舞台。第十师葛师长恢复五桂岭一带阵地，得了勋章。第三师周师长也以同样战功得到了同样的荣誉。

方军长的卫士也上了火线。支持神经的香烟吸光了，吸土烟。志航大队给陈祥荣送去的香烟，他也送给了方军长。一支接着一支的吸，一声不响地在想。

电话铃不断地响。

“×师长吗？无援军可派……”

“怎么？某团长吗？敌人进来了多少……无兵增援……但不准你丢一寸阵地……”

方军长连一个人也派不出了，但是他不准部下后撤，因为再也无地可撤了。

“黄茶岭方向有援军的枪声。”前方报过来惊人的好消息，大家都跳起来，抓过桌上仅有的半瓶酒。“干了吧！”赶快派人出去支援。

“哪有人可派呢？只剩下特务营。”孙参谋长说。

“好，就派特务营去吧！”

等这唯一尚足半数编制的特务营冲到高岭时，六十二军的先头部队又退回去了。于是，这个特务营便全营壮烈牺牲。

城里的守军看着眼前的希望又幻灭了，而且牺牲了一营精锐的力量，大家谁也不再说话了，又不晓得那可爱的希望何时再来。

一个希望消逝了，敌人又在加紧攻击。第一线完全是杂兵了，师长们都作了阵地上的战斗员，伙夫、号兵、都成了战斗兵，连长拿着步枪，营长当班长，团长当排长，师长实际成了连长；但敌人仍被挡住了。

吃，成了大问题，城里只剩了发霉的米与少数的盐巴。军长与士兵同样把盐水煮的饭塞肚子，痢疾与疟疾侵袭着每个人。尸体发出奇臭，无暇掩埋。负伤的官兵卧在脓血与蛆里，溃烂在侵蚀他们的生命。药？连清水都不易找了，可是战斗的意志却升到最高峰。

一位士兵受伤，打坏了左臂，再上前线，又断了腿，头也伤了。他又到军部去。

衡阳战役中的日军军队

“报告军长，我还能动，请您信任我，派一个人背我到阵地去。只要一挺机关枪，在我未咽气时，决不让敌人上来。”他惨白的脸上挂着两行热泪，脸绷得紧紧的。

“好！军人都像你这样，一百个衡阳也守得住。你现在是中尉了。”方军长也流泪了，用手轻轻拍着他的背，派那唯一的勤务兵把他背走。方军长送他走出房门，一直看到他被背着走进交通壕。方军长摇摇头，擦擦眼泪，看看在场的人，都感动得流泪了。

“有什么用？我们是无力可冲了，守也无力了，援军不来，只有死！”他自言自语。

电话在不停的报告坏消息，要求增援。

“……无人可派……”“……无人可派，死守……死在那里……”

八月四日，敌人又发动了更狠的总攻。

天马山，高不过百尺，周围不到四百米。敌人用排炮发射了六百发炮弹，山上的泥土翻过了三次，见不到一棵草，只剩一片黄土了。敌人三两百人一排，向山上冲锋。他们以为这是毫无问题的可以占领了。

哪知一拥到山脚下，带伤赤臂的中华男儿都由炮弹坑里跳起来，谁也不喊杀，谁也不放枪，一阵手榴弹，解决了第一批敌人。接着第二批又上来了，又这样的被解决。第三批又来了，我们的弟兄只剩了十几个，手榴弹也光了，眼看天马山就要丢。就在这时候，十几个弟兄又送上来几箱手榴弹，全体参加战斗，敌人又被这二十几个“疯子”消灭了。敌人不敢再上来；我们的勇士们退回山顶。自此大家又学会怎样利用弹坑以进为守的方法。

八月七日下午，敌人的总攻一点也不放松，并愈来愈急；而我们援军的枪声，仍旧听不到。助战的飞机，中国的、美国十四航空队的，都增多了。由早到晚，衡阳头上总有二三十架飞机在扫射在轰炸。但空中的力量究竟不能把地皮提着四边兜起来，丢到江里去。城里热望的还是援军。几千个伤兵，少数的战斗兵，一面拼命地挡住自己前面的敌人（左右后方这时都顾不到了，实际等于各自为战），一面焦急地希望有百分之一的机会听到援军的枪声。就是一点远远的枪声，战死了也是安慰的。“可敬的友军，亲爱的援军，你们在哪里哪！你们忘了我们吗?”“我们愿意死在国军炸弹下面，我们愿意死在援军的炮弹里。亲爱的援军，你们来啊！给我们知道衡阳解围了，我们再死吧！”大家都知道，情况不对了。

八月六日晚间，小西门进来二十多个敌人，总算马上消灭了。到七日下午，进来的更多了。下午五时即进入混战（谈不到巷战，因城内已一片瓦砾，看不见巷了）。到处发现敌人，到处无兵可派，未死的都拿起了枪。到八日早晨五点钟，我们保卫衡阳四十七天的硬汉终于发出了最后的一电：“来生再见……”

方军长又看到了他这四十七天的小朋友。

“陈分队长，跟我一道拼吧！死活在一起吧！”

大家都凄然洒下一把眼泪。枪炮声周围在响，伤兵惨痛的呼叫。陈祥荣拔出了手枪。“自杀吧！不，为甚么要死?”他约束了自己，在混乱中离开了方军长，经过两天两夜，历尽危险痛苦，于十日爬到了湘江边上，由荒废了的碉堡中跳进水里，又经过了三小时半的长途泅水，在樟木寺上了岸。

他久经疲劳的身躯，又值痢疾才好，在水里到处碰着敌人的船，加上自己腹痛，几次没有气力了，想沉下去；终于为了生命，为了复仇，拼命为自己打气，泅到无人处，上了岸。但他不敢等到天明，不敢休息，立刻需要往前走。天是黑漆一团，又在下雨，刮风。他又饿又乏，浑身疼痛，光着身子，不知地势，不知方向，摸着向前走。天放了一点光，看见衡山的高地，他向高地走去。时刻听到敌兵的口令声，他伏下去，爬，跃进，通过七条小河，到了公路上。敌兵二百米一个，来回巡逻。幸而我们的飞机到了，在公路上低飞扫射；敌兵都跑上山坡。他乘机跃过公路，拼命冲进荆棘里，周身都是刺伤。但他为了生命，得忍受一切。

经过千辛万苦，他在十四日走到洪罗庙。等到宝庆后，司令部派机把他接回来。他已失去了青年应有的形态，蓬乱的头发、没有牙齿的嘴巴、放不出光的眼睛，总之，是一个最狼狈的亡命者。同志们是血换来的友情，大家拥抱着他，大家有说不完的话。

一个廉价而不甜的西瓜买来了，他拼命喊“甜呀!”连皮都吃了，大家抢着给他换一块。

“不，这真好吃。”

这就是长期苦难后的表现。谁想到，若拿西瓜皮到衡阳去慰劳都是无上的珍品啊!

陈祥荣九死一生地回来了，他带给我们关于衡阳四十七天防守战的真情实况。衡阳的每一战士，不论他现在是死是活，都对国家尽了最大的贡献。解围不是他们的能力，但他们已守到了最后的一天。

◇ 原载1944年9月13日《大公报》

攻克密芝那经过

◎ 邓蜀生

密支那战役是世界反法西斯战争中亚洲战场具有战略转折性意义的胜利，此次战役后，日军在亚洲大陆的全面进攻变成节节防御，最终走向彻底崩溃。

邓蜀生，1923年生于重庆，大学毕业后，被征调为军委会外事局译员，在中国驻印军第六军任翻译。在服役期间，邓蜀生为《大公报》撰写了多篇战地报道。抗战胜利后，邓蜀生先后在重庆《新民报》、上海《新民晚报》等处任记者，1949年11月进入新华社工作，后又在人民出版社从事外国史方面的编辑工作，著有《美国历史与美国人》《罗斯福》等书。

经过两个半月的战斗后，现在我可能把密芝那战斗经过向国人报道了。

攻击密芝那是五月十七日开始的。事前的计划与准备，除极少数的高级将领知道外，就是直接负责指挥作战的部队长都不知道。

当总指挥决定奇袭密芝那后，就派出两营左右的搜索兵，翻越库芒山脉，依照美方所计划的路线前进，所经过的地区，完全是人迹罕到的原始森林，战士们在虎狼的脚印上，印上了他们的足迹：靠着虎啸猿啼来划破森林的寂静；有时遇着深而且急的涧溪，有时遇着深可没人的沼泽，他们不但要披荆斩棘，还要“逢山开路，遇水搭桥”。蚂蟥和疟蚊相当使战士们困恼，每个人腿上都裹上了两三层尼绑腿，以抵抗蚂蟥的侵袭，可是说不定手上、脚上或任何部分，突然有血流出来，甚至于有时蚂蟥钻进去，衣服都被血浸透了还没有发觉。烟灰、盐巴、防蚊油都是抵抗它们的武器。泽地的疟蚊真令人生畏，弟兄们都戴着防蚊面罩前进。在夜间执行警戒勤务时，要防敌人的袭击，要防野兽的侵噬，还要防疟蚊的吮吸。粮食给养全靠飞机接济，有时联络中断了，大家就啃着树皮，嚼芭蕉根。最令战士头痛的，倒是饮水问题，在丛林里小溪很多，但是要断定能不能饮，就颇为麻烦了。

就在这样艰苦的情境下前进着。指挥官根据命令所规定的路线，带着弟兄们前进，迷了路，靠指北针的指示来矫正。二十几天，弟兄们不知道要到什么地方，指挥官也不知道，谁知他们正肩负着历史上伟大的任务呢!

有一天，派出去搜索的班长突然发现前面有一大块空地，马上报告排长，排长到前面一看，不仅是空地，还有西式建筑物，他们困惑了。在无线电中，指挥官得着指示：密芝那飞机场在望，准备攻击。战士们的惊愕是不能形容的。接着美机大编队飞临，密芝那警报在呜咽，丑虏们还以为是普通的空袭，都缩头藏尾地隐蔽了。这一大队担任前锋的弟兄们疯狂地向机场冲锋，敌人们的抵抗微弱，因为他们梦中也没有想到这支奇兵。

轰炸机猛炸，战斗机俯冲扫射，情形迥异于普通的空袭。我地面部队制压着机场敌军。运输机在机场盘旋，越飞越低，开始下降了。敌人的高射炮火悲鸣着，不一会儿已寂然无声，长的炮身仍在，炮手们却已横躺在炮座旁边了。

一架、两架……我后续部队某师宁团空运抵达。全副武装的战士们拿着冲锋枪、自动步枪，汇合着地面先锋部队，潮涌地冲锋着，机场的敌军一个一个地倒下了。在陆空协同攻击下，密芝那飞机场为我占领，密城战斗的序幕揭开，一幕幕的战斗故事也就随之演出。

我军攻占机场后，以战胜余威，一鼓作气向火车站、城区猛冲。我们有一营的兵力冲进了市区，控制了密城最大的据点——火车站。密城沦陷了两年多，敌人已经把它构成了一个极坚强的堡垒，它的工事之坚，绝非其他各地所可比拟，我们的先锋部队就遭遇了敌人密集的火网。所以冲进了战场的弟兄们又退出了城区，这样就开始了以后两个多月的“逐码攻坚战”。

敌人据守的兵力的一个联队，有三千人左右，他们所存贮的粮食弹药也相当充足。同时密城的居民都没有退出，这又无形增加了敌人不少的人力。譬如说：很多工事，就是敌人威逼着千百的民工构筑的；相反的，密城的居民成为我们攻击的极大障碍，为了要减少平民的伤亡，我们就不愿用重武器进攻，也会因为这个原因，一度停顿了我们空军的活动。这些，都构成了敌人顽强据守的条件。

几次的战斗后，弟兄们获得了不少的经验。在战争初期，我们的伤亡比较重，可是在六月的战斗后，我们的死伤每日只以数人计。到了七月，我们可以不折一兵不损一卒地换得敌人几条性命。密城在我们紧紧围困中，敌人不可能获得大量的增援。我们在八莫与密城之间，俘获了很多敌人，他们都是两个一队三个一群地企图偷进密城的。敌人大规模增援已绝望了。我们的目的是以最低限度牺牲，以逐渐占领此孤城，所以进展是比较慢，但是天天都有进展。

弟兄们士气太旺盛了，使并肩作战的美国军队咋舌惊叹。往往为了要消灭一个敌人的堡垒或第几号据点，会有人自动出来当突击队，一身挂满手榴弹，向敌人的堡垒爬行，随时可能为敌人的狙击手射杀。大家屏息静静地等待着，尤其是美国友人们，神经紧张而忧郁，他们担心着这几位战士的命运。震耳的爆炸声夹杂着机枪声，一阵阵地传来，大家不期而然地站起来了，神情更紧张，可是事实的证明，往往是我们胜利。美国朋友一看到满身泥浆混着血迹的战士们归来，都狂热地拥抱着，有时反而使弟兄们不好意思。弟兄们送他们几件胜利品，如日本军用票、日记本、几张照片，他们马上就送弟兄们几条美国烟，或者拉着弟兄们去痛饮。像这样的战斗故事，每天都在演出，后来反而觉得平淡了。

因为敌人的顽强，我们采取了隧道战术。敌人知道我们在挖地道，可是他们无法阻止，因为敌人是隐蔽在工事内，不让我们发现他，假如一露面，千百颗子弹就会飞射来了，弟兄们正以获捕鼠的姿态注视所有隐匿着的敌人。隧道

中美工兵在丛林中就地取材修筑史迪威公路

战术成功了，敌人的坚强据点如大缅寺、电影院、车站、水塔都是这样攻克的。一天一天的，敌人兵力逐渐消耗了，在四面被围的情况下，敌人曾几次向守军颁发命令，要求他们向天皇尽忠，可怜的敌人，也竟这样的干，他们的表现也的确顽强，大规模的增援企图也曾经有过几次，但没有一次成功。七月十九日，敌人由萨拉卡医院中抽取伤愈士兵三百余名，乘木筏增援密城，在中途被击沉，并且还被生俘两名。经过这几次打击，敌人增援完全绝望了。

本次敌人的粮食弹药是很充足的，可是因为美空军猛炸的结果，有几处很大的仓库被毁灭，不得不靠飞机来接济。在太平洋，敌人的海军称为“龟缩舰队”了；在缅北，敌人的空军可以说是“鼠藏空军”了。制空权完全操控在我们手中。敌人偶尔出动几架飞机来扰乱，马上招致我们更大的报复。七月七日，敌人在我们阵地中投入一磅重的炸弹一百五十枚，可是有一百三十多枚没有爆炸。还有一次在道尼附近，敌人卡车四十七辆陷入泥淖，我们的飞机就把它当成固定靶来演习射击。

有了适当的配置，中国军人为世界上最优秀之军人。这句话在缅北战斗中，得到了充分的证明。譬如说：六月二一七日，宁国罗调至密城以北Sitapur单独作战。该营以有限之兵力向敌人冲杀，竟超越了命令所要求达到的任务，前进十余里，毙敌一百多，后来被敌围困，敌人的火力极猛烈，该营处境危殆异常，但是经过三昼夜的死战，终于冲破了包围圈，安然返防。美方某高级指挥官对该营作战之勇猛叹为奇迹，亲自赴该营驻防地，与该营官兵一一握手，并赠各官兵以美国校官给养三包。像这样的奇迹，在国内不知“奇”过多少回，我们国家也正靠这千万“奇迹”捍卫。假如我们有充分的武器，所表现的战绩，恐不只限于“奇迹”吧！

战斗发展到七月底，敌人动摇了，日机接济也稀疏得可怜，从前还听着发自敌人的炮声，后来炮声也难听到。七月二十九日，我团发动决定性的攻击，大获全胜，史迪威将军极为嘉许该团战绩。在此役虏获敌人文件，中有一张“赏词”，是敌菊第八九零五部队长丸山房安用铅笔书写在草纸上颁发的嘉许令，用伪造的战功来奖励军心。另外还有一件极有价值的文件，是敌军昭和十九年六月二十二日出版的《军队新闻》，登载有两篇评论，特将译文录下，以供国人参考：

缅甸作战

缅北联合军称为活跃，日本军续向印缅国境线退却，于缅北加迈孟拱及密芝那，联合军已收得战果，继续推进，虽以菊部队号称之十八师团迭次败阵而不得不做有效之抵抗。据战斗之地域所来之报告，名称为“巴支号”以二人操纵之火箭炮开始使用于缅北战场，效力至为可长。日本重要补给根据地加迈于六月十五日终被敌占领。以目前联合军向孟拱集结之态势视之，孟拱被占殆为时间问题耳。密芝那之日本守备队抵抗力似较其他处点顽强，但亦逐渐弱化矣。最近日本军于科希马迅速退却中，联合国军队向日本兵战线进行攻击。科希马东部日军之联络完全被切断，感受极大之威胁。又南部之日军，沿科希马—伊法兰尔洛线亦着着被击退。

美国海军

现在检讨世界海军的力量，恐怕美国要占第一位了。过去两年间美国按照广大的造舰计划逐步实施，各国无出其右者。造舰竞争方面，日本甚为拙劣，徒然扩张造舰之状态，是毫无用处的。美国可八个月造出与日本现保有近代舰队之同等数量。目前，美国海军力正当日本两倍半，若于一年之内，将超过三倍四倍都不止矣。美国现在造舰厂，可供联合国决行充分而不断的攻击战术。所谓能出海战斗之船如何的问题，以日本而论，决不能如意大利“只是生产舰队”。用兵作战最重要之原则，对海上警戒不可不小心，一度失败之后，帝国即可趋于崩溃。与此凄绝无比战斗前，日本海军将不知弱至如何地步啊！

由以上两文中，我们充分看出敌人恐惧之情，尤其是对美国海军的恐惧，真是谈虎变色。

八月二日，某师选拔了渗透突击队一百名，渗透敌后，内外夹击，在睡梦中而且很疲劳的敌人来不及反抗，也无法反抗，被我们歼灭了一半，其余的敌人投伊江图遁，又被我射杀一部，敌最后坚强据点——火车站，也被我攻破。八月三日下午，我各路攻城部队进城扫荡残敌，俘获敌山桥大尉以下官兵二十余名。歼灭于城区的敌人达二百余，在江中木筏上射杀的又有百余。残敌百余窜逃至宛貌以北地区四英里之Nauntalaw，敌联队长也在内。

我某团正担任扫荡。总计血战两月半，敌人先后参加作战的达四千人，除百余未被围歼外，已被歼灭者约三千八百人。

在密城的战斗中，敌人充分表现狡黠与顽强。敌人狙击手的射击技术的确不错，不妄动，不虚发。在树上的狙击手两腿绑在树上，假如被我射中，也不致倒下来，还是照样立着，托着枪；我们假如没有发觉，也就不得不分一部分火力去对付这些已死的狙击手了。敌人往往在我们阵地前，或公路上放置自来水笔、钟表等贵重物件，安置地雷引线，一去拉动它，就爆炸了。这样鬼祟无耻的伎俩，在前线，真是记不胜记，书不胜书。

现在，密城战斗已终了，美英当局已进城办理善后，我国旗迎风招展于密城上空。千百民族英雄之忠魂，得此名城陪伴，想亦不致寂寞。将来，雄壮伟阔之中印公路开通之日，长眠异土之英雄，亦当颔首微笑矣。参与密芝那战斗的部队番号，尚未到发表时候，我们对参与是役的战士们敬礼！

一九四四年八月十日

◇ 原载1944年8月19日重庆《大公报》

名将访谈

与记者的一次谈话

◎《新闻摘句刊》报道

叶挺（1896—1946），中国人民解放军的创建人之一，新四军重要领导人之一，杰出军事家。1926年在北伐战争中，他率部长驱直进，连战连捷，屡建战功，被誉为“北伐名将”，所部第4军独立团被称为“叶挺独立团”，赢得“铁军”称号。南昌起义时，他担任前敌总指挥。广州起义时，担任红军总司令。抗日战争爆发后，叶挺出任新四军军长，拥护国共合作，团结抗日，本篇报道是在新四军组建初期对叶挺将军的采访记录。

汉口通讯：新编第四军军长叶挺，昨天从南京到了汉口。此行的任务，是收编湘鄂赣边的旧部，准备到前线去！

记者因为叶军长从南京来，而且到前线为国家民族建立功业去，昨天特地前往叶军长的旅邸作初次的拜会。承叶军长接待，并做了一次很有意义的谈话，这是值得向读者报告的。

叶军长是广东人，年纪已四十岁的上下。人很和蔼，谈语老是堆着一片笑容，脸色红红的，象征一个新兴军人的勇敢精神。

……

“对于这一次的抗战，叶军长观察，觉得前途怎样？”

他说：“我们受日本帝国主义的压迫，已经是忍无可忍，这一次出于不得

新四军军长叶挺

已而抗战，我们只有一个字，就是拼。无论到怎样地步，都要去拼，舍得拼死，就没有不成功的。中国有一句古话，就是'多难兴邦'，目前我们正是多难的时候，当然也就是我们兴邦的日子。只要上下一心，团结一致，前途一定是胜利的。"

听到叶军长说到"团结一致"，于是使我记起这一次各党派大团结的问题，再顺便地探问了一下叶军长的意见，叶军长说："日本顶怕我们的，就是团结；而顶希望我们的，是散漫。因此这一次的团结，不仅增加了抗战的力量，而且也给了敌人一个严重的打击。我们在这个时候，凡日本怕的，我们要去做，凡日本希望我们的，要避免，这是致胜的道理。至于团结的本身，只要彼此有坚定的意志，决不会有任何变更，这是我敢担保的。"

说到这里，记者记起了上海战事，我很慎重地问："这两天上海方面的战事，我们退守到新阵线，叶军长以军事家的观察，觉得究竟怎样？"

对于这个问题，他似乎已考虑过多时，很从容地说："这是个很明显的，不但没有丝毫的损害，而且有很多利益。因为我们坚固的防地，并不在原来作战的地方，我们之所以要在前面作战，是要达到消耗敌人的力量，现在这目的已经达到，而阵线又已延长。显然的，这是我们争取最后胜利的第一步。只要稍稍一退，就没有了地方。反之，我们退一步，敌人深入一步，多少还有一些利益，所以上海退到新阵地，在军事上说，是不必杞忧。”这一段话，对于一部分持着怀疑的态度看上海战事的，多少是有些新的真实的启示吧，我想。

以下，我们谈到九国公约，谈到叶军长收编的工作，那些比较零乱，不纪述了。叶军长说，他在民国十六年到了一次武汉，现在刚刚是十年了。十年了，十年的旧地重游，他觉得中国进步多了。由这一次的抗战，他认定中国是可以复兴的，可以如同土希战争中的土耳其。

◇ 原载《新闻摘旬刊》1938年第4期

张自忠与伤兵

◎陆　诒

张自忠（1891—1940），著名抗日爱国将领。1939年5月，随枣会战在鄂北地区打响，5月10日，张自忠率部歼灭日军辎重部队，迫使日军放弃渡河攻击襄阳（原襄樊）。本文是随枣会战后对张自忠将军的访问，其中记录了张将军与士兵的一段问答，名将风采跃然纸上。

陆诒，上海人，先后任职于《新闻报》《大公报》《新华日报》等处。抗战期间，陆诒报道了卢沟桥事变、淞沪会战、台儿庄战役等重大战事，还报道了中共领导下的太行山、晋察冀和平西等抗日根据地。1949年后任《新闻日报》副总编辑。

七月底，我来到宜城。遇到十八架敌机狂炸这个小城市，在投下一百多颗炸弹的同时，还散发汪精卫主张屈辱投降的传单。汪逆的宣传品与日本军国主义者的炸弹同时飞下，这在当时战地上还是前所未有的现象。传单上刊载汪逆照片和他的一篇演说词，题为《中日问题观》，大意说中国革命之成功，需待日本谅解与提携。对这种媚敌卖国的论调，前线军民深表愤慨。

第三十三集团军总司令张自忠将军所统率的部队经过最近一次随枣会战，现在宜城附近整训。我到总司令部访问张将军，他非常高兴，同我紧紧握手后说："去年徐州突围后在豫东分别，已有一年。这次你不远千里而来，就得多住几天，我们是老朋友了，应该多谈谈，我对新闻界朋友还有意见要提哩！”一听他要提意见，我倒高兴起来，我说：“当我从重庆出发的时候，周恩来同志曾一再嘱咐，要我向前线抗日名将约稿并征求对我们报纸的意见，张总司令肯对我们提意见，那真是求之不得。”

接着他说：“报纸、刊物对鼓舞前线士气，作用很大。前线部队对文化食粮的需要，其迫切程度不下于弹药和给养。最近敌机在前方散发汪精卫的传单，敌人对我们加强政治攻势，但我们对前方供应文化食粮的工作反而不及从前。记得去年临沂大战时，我们还能看到汉口各报，包括《新华日报》在内，当时官兵们都极振奋。看到报纸，了解抗战形势，心中明亮，就认为我们的鲜血决不是白流的。此刻我们关心国内外形势，特别担心国内团结问题，但是长期看不到后方的报纸和刊物，这是亟待解决的问题，特提出呼吁。”

我说：“这个问题，我们一定在报上大声疾呼，促各方重视，以求解决，我这次所带少数报刊先如数捐献，供大家阅读。”张将军表示欢迎。

我在总部住的几天中，看到张将军倾注全力在训练部队的下级干部，视察他们上操，还找他们谈话，很忙碌，并不比战时轻松。

有一天，我看到他正向伤愈归队的官兵们训话，方式很特别。他先点名，然后逐个地问，伤在何处？如果是敌人的子弹从胸前穿进的，他就叫他们站在前几排。张将军还逐一抚摸他们光荣的伤痕，向他们亲切慰问。

可敬的抗日英雄们一个个都圆瞪着眼睛，大声向他报告：“报告总司令：我的伤在右肩膀，是敌人的机枪子弹从前面打进去的。现在子弹已经取出，伤口还没有全好。那天听到刘占魁班长说有便车回前方，大夫还不让走，我顾不得这许多，就走了，反正到前方来再休息三五天就会好的，谁还肯呆在医院里装蒜？……”

“报告总司令：我的伤在前胸，那是在冲锋前进时给日本兵用刺刀刺伤的。现在伤口已好，我就回到前方来跟敌人算账了！”

几乎大部分弟兄都有一段英勇作战的事实，用朴素的语言来叙述；只有极少数人是子弹从背部穿进的，他们在向总司令报告时头都低垂着。

张将军听完大家的报告后，就开始讲话了。他不用老一套方式，而是用问答式来激励士气。

（问）你们走路是用几只脚走的？（答）当然是用两只脚走的。（问）你们知道牛马是用几只脚走的？（答）那还用问，我们从小见到牛马是用四只脚走的。（全场开始有笑声）（问）你们知道做亡国奴的生活就如同牛马一样吗？（答）这个，我们都知道。（问）谁想亡我们的国家，灭我们的种族？（答）是日本军国主义者。（问）你们能不能用四只脚走路？（答）那怎么能够呢！（问）不管你们能不能，日本军国主义者硬要我们全国军民做他们的奴隶，还要我们的子子孙孙都像牛马那样走路，你们愿意吗？（答）那不行。（问）不行，便怎么样？（答）只有同日本兵拼刺刀，痛痛快快地干他一场！（问）单靠咱们军队去拼，行不行？有的人回答“行”，有的人说“还不够”。

（又问）那么，究竟要怎么干才好？（答）必须同老百姓联合起来，大伙儿一起干。张将军微笑点头说：那就对了！

最后，张将军勉励大家，回到部队以后，要勤于操练，提高杀敌本领。平时要守纪律，保持荣誉；战时要勇敢、沉着，能攻善守，尽忠报国。

张自忠将军抗战时期二三事

◎ 孙松一

1940年5月，日军为控制长江水上交通线，集结大军，悍然发动枣宜会战。时任第三十三集团军总司令的张自忠身先士卒，在前线抗击来犯之敌，最终壮烈殉国。张自忠将军是中国在抗日战争中，也是世界50个同盟国在反法西斯战争中战死沙场的最高将领，新中国成立后，中央人民政府追认他为革命烈士。本文便是对张将军生平的回顾和纪念。

孙松一，1938年任《武汉日报》记者，多次到抗战前线采访。他曾报道台儿庄大捷，留下“捷报传来武汉市，三镇欢呼喜欲狂”的诗句。

张自忠将军字荩忱，山东省临清县人，是老西北军冯玉祥将军的部下。他身材魁梧，方面巨鼻，语声朗朗，好像从来也不会小声说话。一经接触，便使人感觉到这是一条光明磊落的血性汉子。“燕赵自古多慷慨悲歌之士”，一提到张自忠将军抗战到底、壮烈殉国的事，不由得使人想到“风萧萧兮易水寒，壮士一去兮不复还”的壮烈诗句。

笔者抗战期间是战地记者，在济南、徐州突围的行军中，以及在沦陷前夕的武汉，几次见到张将军，作过几次长谈，所以对他矢志报国的前后经过知之较详。现在，作为史料记录下来。他的壮烈事迹，可歌可泣，可说是中华民族的一首《正气歌》。

张自忠将军

忍辱负重　仓皇出走

一九三七年七月七日卢沟桥事变，拉开了抗日战争的战幕。不久，日本军国主义者频繁向中国出兵，一面搞冀东自治伪政权、搞华北五省自治，诱降和围攻的矛头，首先指向冀、察两省，平、津两市的二十九军宋哲元。宋哲元及其部下，一方面想保存实力与日寇敷衍应付，一面也准备在不得已时与日寇决战。但是，由于日寇的步步进逼，不久便应付不下去了。于是，在一九三七年七月二十九日，平津报纸突然登出了一条不平常的消息：张自忠代替宋哲元的冀察政务委员会委员长兼代北平市市长，这之前，张自忠已经是河北省主席兼天津市市长了，这样一来，冀察两省，平津两市和二十九军的军政大权都集中于张自忠一身了。这是一条令人惶惑不安的消息。社会上有两种猜测：一是在日寇步步进逼之下，宋哲元应付不下去了，推举出张自忠来继续与日寇周旋，一是张是二十九军兵力最强的人，日寇曾经派汉奸潘毓桂、张壁等人做张自忠的附日工作，这样一来，恐怕张自忠真的要投日当汉奸了。

可是，从九一八事变冀东自治以来，在中国共产党地下组织的领导发动下，平津一带的学生抗日救国运动声势浩大，震动了全国，推动了全国抗日救国运动的蓬勃发展。张自忠这条消息一经传出，张的家乡山东临清县老家被学生包围了，喊口号、贴标语，并把张自忠家的大门上涂满了黄澄澄的人粪。他家有人连夜逃往北平把实况报告了张自忠。

听说张自忠得到家中人的报告后，痛哭了一场。当夜即化装成商人隐匿到北平东交民巷的使馆区，半夜里逃到天津市郊，改装穿着白夏布长衫，头戴草帽、架一副黑色眼镜，雇乘一条小轮，连夜逃往山东省的烟台市。

差不多就在这同时，山东省主席兼第三路军总司令韩复榘，接到南京蒋介石的密电略云："……张自忠如逃到山东，立即秘密押解南京，不得贻误！"而这时，韩复榘驻烟台的部队也由电话报告：张自忠化装到烟台，请示如何接待处理。

我们知道：韩复榘、宋哲元、石友三、刘汝明等人，都是冯玉祥当年在天津小站练兵时的部下，那时，他们都是营、连长，而张自忠、冯治安等人那时都是排长、班长等职务。这次张自忠逃到烟台，韩复榘和他是老战友、老部下，但手中又拿着蒋介石要押解南京的电报，这确使韩复榘左右为难。因为既碍于面子，不好押解；又怕他从山东跑了，不好向蒋介石交代。结果，韩派了两个班的士兵用一辆卡车到烟台去接，表面上是保护，实际上是怕他跑掉。

张自忠到达济南和韩复榘见面了。没等韩复榘说话，他就声泪俱下地说："我是炎黄子孙，我是中国人，宁死也不当汉奸。"韩试探着问他今后如何打算时，他说："……到南京去，见委员长（蒋）坚决要求抗日。"韩复榘一听，放心了，遂即出示了蒋介石的电报。张说：押解吧，不押解我自己也要去。于是韩复榘便派人陪他一同去南京。

到南京后，张自忠向蒋介石慷慨表示，坚决抗日，以死报国。据说蒋介石一时也很受感动，并觉得由张自忠去收拢廿九军宋哲元的队伍，也是最恰当的人选。于是，遂命张自忠为五十九军军长，率部驻扎河南东部，归由第五战区李宗仁指挥。

奋力抗战 屡建奇功

张自忠率部到达豫东防地不久，日寇在占领青岛市后，即沿胶县、诸城、莒县一线，向鲁南的军事要地临沂进逼。当时，驻在临沂城内的仅有庞炳勋军团的五个团的兵力。而围攻的日寇却是日军精锐板垣和矶谷两个师团。在万分危急的情况下，战区司令长官李宗仁即急调张自忠的五十九军驰援临沂。时为一九三八年三月十二日，张自忠将军想想自己在北平、天津的受逼、挨骂，他的部队也各处调动未能迎击日寇，而跃跃欲试，所以，十三日凌晨一经接触，即以一当百地向敌人猛冲猛打。这时，城内的庞炳勋部已接到增援的电报，此刻听到城外打响，知道援军已到，即打开城门猛攻，形成了内外夹击，而敌军板垣、矶谷两个师团，是日寇的精锐，从侵华以来，几乎没有遇到抵抗，因此骄横跋扈。现在，经张、庞两军夹击，手足无措，狼奔豕突而逃。我庞张两部紧紧追击，日寇大败而逃，退缩到莒县城内固守。我军因此取得了抗战以来首次较大的胜利。极大地振奋了全国人心和粉碎日寇不可战胜的狂言。听说张自忠这次战后也说："总算对日寇出了一口气。"

临沂战役之后不久，便是举世闻名的台儿庄大捷。在台儿庄战斗中，张自忠部参加的是外围作战，也建立了很大的战功。参加台儿庄市内争夺战的，是孙连仲第廿六路军的池凤城师，这次战斗的确是最激烈的。在台儿庄市镇内，敌人已占据了五分之四，而我池凤城师，最后虽坚守西南一角，每巷必争，每屋必夺；台儿庄外围则是我军和日寇的层层互相包围。就在我军在城内最后只剩下五分之一的垂危之时，我们的炮团击中了日寇的火药库引起爆炸。日寇的炮失灵了，子弹也不足了，因此，城内之敌全被消灭，我军取得了胜利。

与士卒同甘共苦　纪律严明

台儿庄大捷后不久，日寇由东北、华北、江苏、南京、上海一带，调集十三个师团共三十万的大兵，企图包围徐州这一战略要地，并消灭徐州及其周围的第五战区的中国军队。尽管当时日寇广播宣传要踏平台儿庄前进，我方则宣传“保卫大徐州”，但这都是“虚晃一枪”。我方的第五战区司令长官李宗仁和军委会参谋总长白崇禧，在徐州演的是“空城计”，密令五战区的各个部队，迅速撤离；而日寇也并没有踏平台儿庄前进，而是切断陇海路徐州以西的黄口车站包抄过来。所以，在一九三八年五月十九日日寇扑入徐州时，已是一座空城了。

在大撤退当中，笔者以战地记者身份，随张自忠部撤退，看到了张自忠的森严的纪律和与士卒同甘苦的精神。徐州撤退，都是夜行军，白天隐蔽休息，不使敌机和地面炮击的敌人发现目标；下午四时开始行军，一直走一夜。记得是一九三八年五月十九日下午，张自忠亲率两个团的兵力在安徽永城南十余里的空隙中后撤。张自忠骑马行在两列部队当中，一面领着队伍唱歌，一面行军，秩序十分严整，忽然，永城的敌人开炮了，炮弹就散落在附近。张自忠将军一面继续前进，一面命令向部队传话说“这是敌人盲目打炮，并未发现目标，部队保持原队形原速度前进”，这样，军心稳住了，他再一次领着部队唱着战歌，整齐地前进着。记得这一夜到达睢溪口休息，已有不少的部队在撤退中官兵相失，秩序很乱，独有张自忠的部队，保持队形休息，休息之后，又继续夜行军，严整地前进。

在夜色渐暗的时刻，看到张自忠将军从衣袋里掏出一条白手绢扎在脖子上。在行军中真是人衔枚马勒口，没有人喊马嘶，只有脚步声音，也没有一点光亮。在行进中，不断有人前来向张自忠将军报告情况，他有时稍住，用手电贴在地上看看地图，随口发布命令前进。这时，我们才悟出白手绢的妙用，是好让人们在黑暗中随时都易于向他报告情况。

襄樊战役　壮烈殉国

一九四〇年五月，日寇集中六七个师团的兵力，向湖北随枣地区的第五战区扫荡，张自忠将军徐州战役后已升任第三十三集团军总司令，驻守在襄河西岸。由于在几次战斗中，张自忠每次都是战功赫赫，给敌以沉重打击，所以已成为李宗仁指挥下的王牌。五月十六日，日寇猛攻襄河东岸，情况万分危急。李宗仁乃急调张自忠将军率其总司令部直属的特务营和七十四师的两个团渡河力战，像一把尖刀把敌军斩为两段。敌军又急调万余人向张夹击，张自忠身先士卒，奋力鏖战数倍之敌，特务营及两个团的兵力牺牲过半，仍力战不已。这时，张的随行人员劝张脱离战场。张厉声拒绝，最后，重伤倒地，对身旁的卫士说："对国家……对民族……问心无愧……杀

张自忠殉国后，国民政府为其举行了国葬。图为张自忠遗属在墓前留影。

呀……”举枪自裁。在当时的抗日战争中，以集团军总司令而在战场牺牲的，张自忠将军还是第一人。

张自忠将军壮烈殉国的消息传到重庆，全国人民无不为其杀身报国的壮烈事迹所感动。他为祖国争了光，他为民族树立了不可战胜的光辉榜样。几天之后，张自忠的灵柩由嘉陵江运到重庆，这一天，夹江两岸数十万群众，迎候这位将军的灵柩。灵柩缓缓地在江轮上前进着……人们有的频频擦眼泪，有的失声痛哭……灵柩渐渐走近了，但见灵柩的前面题着“魂兮归来”四个字，下写“蒋中正挽”。这一天，听说蒋介石也亲自迎到了江岸。人们议论说：中央军那么些大官，也没出一个像张自忠这样的将领。的确，张自忠实现了“我以我血荐轩辕”的素志，他是中华民族的灵魂，他以自己的功勋和生命谱写了一曲中华民族的正气歌！

一九八二年脱稿

孙连仲训练新兵

◎陆　诒

孙连仲（1893—1990），字仿鲁，河北雄县人，抗日名将。娘子关战役后，孙连仲部在河南信阳鸡公山附近休整，训练新兵，本文即是这一时期对孙连仲将军的访谈。之后，孙连仲将军又参加了台儿庄战役，立下赫赫战功。1945年10月10日，孙连仲作为第十一战区司令长官，在北平故宫太和殿接受日军投降。

津浦路战局有了新转机，皖东南有运动战的开端，这倒是抗战以来的新事物。我就在二月十六日晚上离开徐州，绕道陇海、平汉铁路，拟取道信阳、潢川，到皖东南前线采访。

一整夜在火车上挤得不能入睡，翌晨就到了郑州。迷茫的晨雾中，车站上是一片敌机轰炸后的凄凉景象。走到站外，附近也没有一所完整的房屋。再走到闹市，大小商店都关门，好不容易才找到一家旅馆休息。郑州刚刚经过本月十五日的第一次敌机轰炸，市民每天一早都下乡躲空袭，要到下午五时才回来。

十七日晚上，由郑州南行的平汉路特快车很拥挤，车站一带人头攒动，我挤得满身大汗。原来是传来了新乡陷落，前线吃紧的消息，迫使当地一部分老百姓忙于逃难。十八日清早到信阳，走出车站，市面繁荣，人心安定，跟郑州大不相同。我在这里访问了五战区兵站副总监汤尧，接洽好日内搭兵站车辆赴安徽的六安。汤尧告诉我，第二集团军总司令孙连仲将军驻在附近鸡公山下，训练新兵。他建议我如有空，可去访问。我就请他派员引导出发。我们先坐一小时火车，在一个小站下车，再步行五里，到达孙部驻地。太白山脉雄伟的群峰耸立在眼前，田野间一片嫩绿，茂林修竹，小桥流水，酷似江南景色，想不到信阳附近竟有这么一个风景区。

孙连仲将军的司令部设在山区的一所学校里，通报以后，他和他的夫人在一间由教室改为临时会客室中接见我。

孙将军身躯高大魁梧，浓眉细眼，光头，宽额长脸，讲一口北方话，声音洪亮，是个典型的北方彪形大汉。他穿一套整洁的黄呢军装，他的夫人比他矮一个头，也穿黄呢军装，英姿飒爽。据孙将军介绍，她在伤兵医院担负实际工作，不是一般官太太。

谈话开始，我说："久仰孙将军在平汉路和娘子关浴血抗战，非常辛劳。可惜以前我在保定和晋东前线时都没有机会拜访，今天是不是先请您谈谈平汉路和娘子关战役的经过？"

孙将军微笑说："七七事变以后，我最先到达保定，此后就在平汉路上作战，去年十月奉命参加山西娘子关保卫战，打的都是被动仗，部队损失重大。第二集团军名义上虽辖两个军（第三十军田镇南、第四十二军冯安邦），实际上，只剩下一个空番号而已。现在还可以参加战斗的部队三十军，只有三个师（第二十七师黄樵松、第三十师张金照、第三十一师池峰城）。我正在请求中央补充兵员，尚未得到批准。有关过去的战役，我不想谈了。我虽然打了败仗，但决不气馁，只要我们坚持抗战，我深信一定有办法。在抗战的过程中，将洗刷我国政治上、社会上的种种腐败因素，建立起独立、自由、平等的新中国基础。"

我又问："孙将军此刻正在训练新兵，您认为训练的要领是什么？应当注意哪些问题？"

他说："冯玉祥将军以前所统率的西北军有个传统，对新兵训练，先要向每一位弟兄说清楚两点：一，我们军人的每一项武器、每一套服装，乃至我们

1945年、时任第十一战区司令长官的孙连仲在故宫太和殿举行受降仪式

吃的粮食、用的东西，没有一项不是民众所供给的。民众是我们衣食父母，军人一旦脱离了民众，必然是自取灭亡。二，军人都要懂得一条法律，不奉命令擅自后退是要枪毙的。我过去在西北军中服役多年，还是用这些老传统来训练新兵。此外，还要训练他打枪、投掷手榴弹，如何隐蔽自己，消灭敌人；要多练习爬山和夜间作战与行军。军队政治工作的第一条，就是要促进军民合作，团结抗战。”

谈到这里，孙将军邀我参观新兵驻地，我们在周围看了一看，新兵有的在上操，有的在卧室中休息，很有秩序。一个突出的印象，就是驻地非常整洁，他们每天要打扫几次，当地老百姓都赞扬这支军队纪律好，处处保持着西北军的光荣传统。

告别孙连仲将军以后，在当晚我就搭兵车回信阳。车厢中遇到许多军人，他们都是刚刚治愈伤病重返部队的兵士。他们非常活跃，引吭高唱《五月的鲜花》等救亡歌曲。问他们这些歌曲是从什么地方学会的？他们都说是在医院里由男女青年学生去慰问时教会的。雄壮有力的救亡歌声，响遍祖国大地，象征我们民族的觉醒。伤愈的军人重返部队，高唱救亡歌曲，大大振奋士气，鼓舞兵士们勇往直前！

战地访问李汉魂将军

◎ 石西民

李汉魂（1895—1987），字伯豪，广东吴川市中山镇人，抗日名将。1938年7月22日，日军进攻武汉，李汉魂奉调参加武汉保卫战。25日，九江失守，日军又向德安进犯，李汉魂调集8个师的兵力，将日军聚而歼之，取得了德安大捷。本篇采访即记录了李汉魂将军对当时战局的分析。

石西民，浙江浦江人，1929年加入中国共产党，1936年成为《申报月刊》编辑。抗战爆发后，石西民作为《申报》记者在前线采访。1946年10月，到延安任新华通讯社社委、《解放日报》副总编辑。1949年后，历任《新华日报》社长、文化部副部长等职。

对于过去坐镇潮汕，在七七事变爆发前后，面对日寇挑衅威胁，预立遗嘱，应付危局，威武不屈，坚决守土的李将军，全国有不少的同胞已有很深的印象了。

抗战发动以后，李将军率领百粤健儿，转战大江南北。在这次保卫大武汉的战斗中，记者在××战地晤见，畅谈之下，对李将军洞察抗战形势的深刻，更表示无限的敬佩。

九月二十二日的下午，在一间满壁挂着军用地图的简陋屋子里，开始了我们的谈话。记者首先询问最近的战争形势。他指明，目前敌人为了加紧进攻武

李汉魂将军

汉，在南浔线以及星子方面，除了积极构筑工事外，似已放弃进攻企图。因为自从九江战役到现在，我方在赣北始终保持着有利的地形，给敌人以很大的打击。一方面敌人看到对南浔线的进犯，失掉它一时间上的战略意义，同时我忠勇将士坚强地抵抗，亦使敌人不敢贸然深入。不过敌人既想攻占武汉，必然要先图控制武汉四周军事上的据点，因此，连日来瑞昌武宁间公路上的敌军蠢动，颇值得注意。但是那方面我们军事上的布置很周密，而且幕阜山脉非常险陡，敌人即欲向那方面活动，困难也很多，结果将遭受更大的打击。

记者当听完关于目前战局的分析以后，因感到第三期抗战现在正处严重关头，往往有少数人对“抗战必胜”的信念发生忧虑，所以特提出“抗战必胜”的理由的问题，请李将军根据他个人作战经验及观察给一解答。

关于“抗战必胜”的理由，李将军首先告诉记者说：“当我驻军汕头的时候，对于抗日战争，只觉得这是保卫国家的天职，成败利钝，均非所计。那时候，唯一的目的只是与日寇拼，可以说只求成仁，不曾想到成功。但是经过这次较长期间的抗战，使我成功的信念更提高，抗战必胜的把握更坚定。不仅我个人如此，就是我的部下，现在对抗战的信心，都很有把握。许多弟兄从几月来的作战中，认识了日本帝国主义的武力，也不过是这么一回事。”他带着询问的神态向记者说：“今日在战区中，你们看到一个弟兄对抗战畏缩和动摇的没有？绝没有的。一般将士对抗战的坚决，自信的提高，是一个很好的现象。”

接着，李将军说：“我们抗战必胜的唯一条件是坚持抗战到底，只要我们能坚持，抗战必然有前途。敌人虽然占领了我们广大的领土，可是由于其兵力不足，我们在敌人占领区域的游击战争广泛发展，到处扰乱敌人，使敌人蒙受大量牺牲，得不到代价和补偿，再加上我正规军的坚持抗战，我敢相信，这一种坚持，不怕经济力衰弱的敌人不崩溃，国际上的形势不怕不更变得与我有利。我们只要有人、有枪、有粮食，抗战从一期二期三期，甚至继续到九期十期都可打下去。所以从军事上看，即使武汉万一受到威胁，只要坚持，必能最后取得胜利，而抗战的坚持，是没有问题的。加上民众的拥护和督促，即使有少数意志薄弱的分子，于战争严重关头丧失自信，但是他们绝不敢进行误国的活动。因此从军事上看，坚持抗战没有问题，抗战必胜也没有问题。”

关于政治方面，李将军表示，这的确是一个比较严重的问题。战区民众的逃去，是一个令人伤心的现象。民众动员无成绩，使军队作战遭受到很大的痛苦。李将军十分重视民众动员，他告诉记者，军队倘能得到民众的帮助，等于增加军队三倍战斗力。他更告诉记者，回忆北伐时代，他在九江南面马回岭一带与孙传芳部队作战的时候，军队在民众热情帮助和革命空气鼓励下，像增加了几倍的力量，把孙传芳的部队打得落花流水。这种军民合作的精神，照理在这一次划时代的民族对外作战中，应当更表现得热烈和有力，可是客观事实并不是那样一回事情，言下很有些不胜今昔之慨的样子。

李将军把民众动员不起来的原因，归结为如下几种理由：首先是保甲制度的不健全。他说，有些地方的保甲长，不仅自己先民众而逃跑，而且还对民众大肆恐吓，叫民众马上逃跑，表示不逃跑他不能负安全责任。其次是地方行政官吏的腐败。他举出九江的例子，九江还没有失陷，县长已躲入深山，这样的

“亲民之官”，怎能领导民众。过去做民运工作的人，只讲表面，不愿深入下层，再加上民众教育的不够，一部分军队军纪的不良，便使军民间形成了鸿沟。

不过当说到政治一般形势的时候，李将军仍是很乐观的。他说：“目前政治上的进步，虽然赶不上紧迫的客观形势的需要，然而这也有它的原因。中国真正的统一时间短暂，正因为这原因，使政治的进步不能赶上客观形势，影响了全民动员。然而在其基本上仍是在进步的，大家都能站在‘民族高于一切’的原则底下，团结起来，我们就一定会愈打愈团结，这种团结一定会愈打愈坚固。我们全民族团结，就使得敌人多方面建立的汉奸组织，没有办法找到有名望的人去做它的傀儡。这种民族的觉醒，更说明了中华民族绝不会灭亡。这种民族的团结，更说明了中国抗战的必然胜利。”

最后，李将军还与记者谈到外交、经济各方面的敌我对比，与我方有利的所在。记者除了钦佩李将军的丰富学识和远大眼光外，在这第三期抗战最艰苦的时候，把前方将领对抗战的见解忠实地笔录出来，想不是一件无谓的工作吧！

◇ 原载1938年10月4日《新华日报》

薛岳将军会见记

◎高　集

薛岳（1896—1998），字伯陵，广东韶关市乐昌县人，著名抗日将领，军事家。1938年6月，日军进攻武汉，薛岳出任武汉卫戍区第一兵团总司令，指挥军队在万家岭一带重创日军，史称“万家岭大捷”。此后在长沙会战中，薛岳总结以往作战经验，利用湘北山丘河流交错纵横的复杂地形，给予日军巨大打击，有效阻止了日军的战略计划。本篇报道写于武汉会战之后，记录了薛岳以军事家的眼光对抗战局势的独到分析。

高集，早年在《大公报》任记者，1949年后被范长江请到《人民日报》工作，主管国际新闻报道。1985年，高集参与了《人民日报》海外版的创办。

一年多的血战，除了台儿庄、德安等大胜利以外，尚有好多战役，值得大书特书的，就如去年淞沪战场陈家行之役，敌第十二师团被扫荡；兰封之役，土肥原师团被包围；南浔线上张姑山之役，松浦师团被歼灭，在抗战史上，俱占很光荣的一页。

指挥这三次战役者，是薛岳（伯陵）将军，他在我国军人里面，无疑的是杰出的人才。

武汉会战的时候，他担任了南浔线战局的责任，四个月当中，敌人用尽了

第九战区司令长官薛岳（中）

所有的力量、一切的方法，仍然不能撼动他所指挥的阵地一点，不能直窥南昌。

在武汉会战以后，我们的最高统帅部器重他独到的战略、特异的见解，拔擢第九战区副司令长官兼代司令长官，担当了湘赣两省整个的军事责任。

在他接受了新任务一月后，第九战区的官兵都觉得他是位慈祥、勇敢、公正的统帅，并且钦仰他过去的光荣战绩，无不深受感动而加紧自身的职务的努力。

记者仰慕薛将军已久，周前偶于湘省前方，在一个山洼里，那里四周都是松林，偶然也可听溪水潺潺的声音，一所不大的土屋，门前有“五桂堂”三字，在那里我会见了薛先生。五十左右的年纪，数十年来埋首军籍，孜孜不倦地研究军事，头发已显花白了，谈话还带很重浊的广东口音，虽然离开家乡多年，生活还离不开广东化，仍然是饮红茶，吃腊味。

我首先代表本报慰问他一年来为民族的辛劳，为国家的努力。他说：“我担任了一个指挥官，不但是为我们领袖分一点责任，同时是为全国同胞尽一些责任和义务。谈不到‘辛劳’两个字。”

接着他慨感似的说："做指挥官，尤其是现在任指挥官，谈何容易，如此大的战场，如此多的作战单位，谁见过，我们过去也曾打过仗，但都没有指挥过这样多的部队，虽然在江西的时候，队伍比较多一点，但每一指挥者，最多也不过指挥五六个师，试问没有大军团指挥经验，如何能应付这个局面。

"做了一个军人，尤其是一位将官，第一他的企图心要旺盛。这就是说，一个指挥者，随时都要打敌人的算盘，随时都要想怎样去打敌人，因为你的敌人也在计算你的，你不打他的算盘，你会被敌人计算的，而且你更应该抓住时间，抓紧机会，虽是少少的一分钟，以至于一秒钟，你要是把握不住，抓不紧，会失掉很好的机会，说不定遭遇莫大的损失。还有更重要的，你在现在的战场作战，你必须在你的心里想到第二个战场、第三个战场，以至于无数的战场，在那一个战场，应如何攻，在那一个战场，应如何守，你要是能够都很明了，虽然不能说有胜利的把握，至少失败是会减少的。

"所以一个精明的指挥者，他的耳应放在电话机旁边，他的眼和脑应放在地图上，每日的一时一刻，都应专心于军事上。"

话锋转到今后敌人的动向和目前湘赣战局的趋势，薛将军想了一想，吸了一口香烟，喝了一杯红茶，继续说："在我看来，敌人今后的动向，不会进攻湘赣的，最低限度在目前，是不会进攻湘赣的，很明显的，敌人将要南攻广西，北犯关中，完成他所谓切绝我们的对外交通线，所以我们可以说，敌人在目前仍然采取是外线战略。

"最近我们听说敌人要打通粤汉路，但是粤汉铁路的真正价值在广州，自广州失守后，整个粤汉路的军事的经济的价值已经失掉了，敌人打通它，还有什么意义，而且在目前，敌人如想打通粤汉路，他至少尚须增加四个师团的生力军才能继续在湖南作战。大势观察敌人决不会在目前来打通粤汉路的，而将他能有的生力军调动到别的地方去找寻新的战场。

"至于目前湘赣战局的新形势，我们只要看看两省的地理，我们就会明白的，长沙和武昌的交通，全恃一条湘鄂铁路，在这条铁道的左边，有一条公路平行，右边是洞庭湖、南昌和九江的交通，则恃南浔路，左边有一条公路与铁道平行，右边有鄱阳湖，而在这四条交通干线的中间地区，是险峻的幕阜山脉，地跨越湘赣两省的边区，这山的两边，都有无数的河流，东有修水由西至东注入鄱阳，西为汨罗、新墙两河由东至西注入洞庭，若敌由武昌九江两点南犯长沙和南昌，我除在正面应战外，更可控制幕阜山岭区域，东西出击，左右逢源也，另一方面，洞庭、鄱阳两湖冬季湖水涸浅，敌海军完全不能驶入活动，其陆军单独行动，势不可能，故可断言，敌非至明年三四月后，决不致南犯也。”

至此，薛将军提及近年来每有人云及山地不能战、湖沼不能战、平原不能战之说，愤然曰：“一国之土地，不是山地湖沼，即系平原，若此三种地形均不能战，尚谈何国防耶，此种谬说，某愿其根本取消，因存此种心理者，皆系怯敌之辈，攻何能克，战何能胜耶。”

又谓：目前之湖南，实为绝好战场，凡山有树，凡地有水。道路纵横，便于行军，故余颇望敌人南犯长沙，则余将率百万百战余生之将士，就此进退咸宜之地形，与之周旋，定能歼灭之无疑。

薛氏对消耗战三字，以为须重新解释，今后应为确实打击敌人，使其人力与物力均受无上之打击，方足以称为消耗。

最后薛将军对全面抗战表示其感想，谓全面抗战者，非谓全国人民均上战场，持枪作战，而系各就其本业而努力，参加战争，故不论贩夫走卒，仍应努力维持其业务。长沙火后，最要者，即为恢复市场，恢复一切常态，如此则前方作战部队一切所需，方可以源源不断地取之后方，此方足以称为全面抗战。

薛氏并特别提出：愿国人俱能仿效汉唐两季，人人佩剑尚武之风，共同努力以救民族予危亡。

记者以时间已久，欣然辞出，薛氏嘱为致意全国同胞，共同为祖国生存而努力。

（一月二日寄自长沙）

◇ 原载1939年1月2日重庆《大公报》

张发奎将军会见记

◎夏 衍

张发奎（1896—1980），字向华，广东韶关始兴县人。在北伐战争时，张发奎因有战功升任被誉为“铁军”的第四军军长。抗战期间，张发奎率部参加了淞沪、武汉、昆仑关等战役，日军投降时任广州地区受降官。

夏衍，浙江杭州人，著名作家。1927年，夏衍加入中国共产党，并同鲁迅共同创建“中国左翼作家联盟”。抗战期间，任中共南方局办事处文化组副组长，负责文化界统战工作。1949年后，任文化部副部长、中国文联副主席等职。著有文学作品《心防》《法西斯细菌》《包身工》等。

北伐战争中叱咤风云的虎将，“中国铁军”第四军的创立者、指挥官，××总司令，陆军上将，——从这些声威、经历和职位，我很奇妙地联想到一位张桓侯式的豹额虬髯的将军，可是，当他出现在我们的前面，殷勤而热烈地握着手的时候，他却是一个身材和我们差仿，具有一双善良而常常湛着笑的眼睛的智识阶级。这意外的印象，正和我第一次遇见叶挺先生的时候一样，十年前，当他的名字和贺龙先生连在一起而转战赣粤的当时，说起他的名字也可以吓止一个啼哭的婴儿。可是，一个月之前遇见了他，我觉得，他还是一个好像刚从大学毕业，天真好动，而又多少的带着些羞态的青年。

我这样写，并不想将张向华先生描写成一个温文的“儒将”，恰恰相反，我明白地看出，在他那结实的身体里面，包藏着无限的精力，在他那紧张的眉宇中间，洋溢着异样的剽悍！

和兵士们完全一样的草绿色的布质军服，平顶头，大约有个把礼拜不会修剃过的口髭，假使要找出一点和士兵们不同的记号，那恐怕只有刻在蓝珐琅质徽章中间的一个亚拉伯式的1字。

他办公的地方倒像一间整洁而简单的书房，两尺阔的小行军床，写字桌，书架，窗明几净，这都不像一个总司令部。只是四周的墙上，却贴满了壁画一般大小的地图，红的蓝的铅笔这儿那儿的画着许多我们看不懂的标记。对着这些树叶纹路一般细微的地图看着，在我们谈话中间不断地进来请示的军佐，我意识到这间我们对坐着的房间，正就是指挥着×多万健儿在和我们的民族敌人作战的中枢！

在这房间里，除出主人之外，是郭沫若先生、寿昌兄和我。

寿昌代表我们对于他的为国宜劳表示了敬意，而希望他发表一点对于抗战的感想的时候，他笑着说：

“不，不，我不会讲话，我不能发表谈话，打仗才开始，打完了再说，打完了再说！”

最后的一句，除出谦虚之外，我感觉到一种虹一般的气焰、铁一般的决心！

“我知道我的长处和缺点，”他说：“提一师之众，冲锋陷阵，我可以做，可是对于战局全盘的估计和政治上的问题，正是我的弱点！军人，不懂政治就是时代落伍！”在他多细纹的眼稍，堆着温文的笑。

“你不是落伍，是超过时代！”沫若说。

可是间不容发地他接着说：

“过犹不及，超时代和落伍一样。”这对话犀利而又幽默，大家笑了。

对于华北战事，他一点也不悲观，从他偶尔流露出来的一些简单而辛辣的对话，使我认识了张向华不像他自谦一样地单是一个只能冲锋陷阵的将军。

是天高气朗的秋天。透过窗，可以看见蔚蓝色的天，黄褐色的野，农妇悠闲地在阡陌闲走，小羊在远远的地平线上出显了很鲜的几颗白点，没有飞机，没有炮响，也看不出战时的情景。但是望着这“和平”的图景，一个铅一般重的意念压住了我的心头。

“这儿有汉奸活动吗?”我问。

“岂止有，很多!”他回答，“杀不完，杀也不是好办法!”据说，当汉奸的没有一个年壮力强的男子，不是跷脚、驼背、哑巴，六十几岁的残废，就是十五六岁的儿童，他们没有知识，当然也不知道这种行为客观地会有什么作用。

“残废老朽，只要证据确凿，就处决了这些人，对于国家民族不会再有好处，可是十四五岁的孩子……”他敛了笑容，“可以杀吗?我只能将他们关了起来……”

一抹怜悯的表情从他脸上掠过，我们这位叱咤三军、威慑敌胆的将军，在这儿竟是一位蔼然的仁者!

留了饭，领略了他不辞斗酒的豪情，到上海的联络车快要开了，我们一起走出了司令部，沿途的老百姓、兵士、壮丁，都带着微笑望着他，不像对一个指挥十万人的将军，而像对一个亲爱的家长、保护者。

“这样平静，敌人会放弃他攻浦东的企图吗?”我们问，他摇了摇头：“不会。不过来攻，他们会有什么好处?第一他们怕死，不敢登岸，退一万步说，登了岸，依旧像江左一样的持久的阵地战，试问他准备牺牲多少人，才能突破我们的封锁线?”

是斩钉，是截铁，我们谨将这铁一般的自信，转告给后方的朋友。

汽车在敌机轰炸过的弹穴间驰着，已经近上海了。

缅战中的戴安澜将军

◎《扫荡报》报道

戴安澜（1904—1942），字衍功，安徽无为县人，抗日名将。1942年，戴安澜率中国第一支机械化部队——第200师作为中国远征军的先头部队赴缅参战，在同古会战中阻击日军，收复棠吉，立下赫赫战功。同年5月18日，戴安澜在郎科地区指挥突围战斗中负重伤，26日因伤殉国。本篇报道便是对戴安澜将军的回忆和纪念。

在长途突围的中途宿营于泸水鲁掌。夜半接到了戴师长殉国的电报，我一字一字地译下去，译到“伤重殉国”四字时，我简直不相信那电报与密码，我反复地重译，希望能找出其他字样。可是翻来翻去还是那“伤重殉国”四字，我真不敢相信活生生雄赳赳使鬼子望而披靡的戴师长会死……

颤栗地把电报交给×副师长，他只是瞧着电报发呆，官长们被叫醒了，十几个人围坐在一起，面对着一支残烛，沉着脸，紧握着拳，每个人都在沉思桂南昆仑关的战绩，与缅境同古的被围苦战，棠吉赴援的克捷，反复在各人脑子中。沉痛、悲哀，袭击着每个人的心灵，更坚定了各个人的意志与更深沉的愤怒。

在国外第一次与戴师长见面是在同古，我是随×副师长先行出国作参谋旅行的，傍晚，我们在英方前线侦察地形回来，在英军俱乐部中遇见了戴师长。一进门，就见到一群英国军官，围着一个光头的高个子在谈笑，每个人都擎着酒杯，几天来苦涩的脸色，都换上了豪爽的笑容，他们深信戴师长到同古，会使敌人寒心，而一挫其所向无敌、横冲猛进的气焰。戴师长的脸上也显出坚定的笑容。

他没有畏惧，他知道敌人不堪他的一击。第二天我们要返军部，到戴师长的指挥所中辞别，他乘闲与×副师长研究地形、敌情与自己的部署，刚毅的目光显出必胜的把握，他始终是微笑并充分地自信着说："等着敌人来，我准备叫他措手不及地抛下上千的尸首。"戴部是国军在正面最先与敌人接触的，他希望一战杀尽敌人的凶焰，使英方信服国军的力量，同古保卫战就在这深长的意义下揭开了序幕。我们一到军部就接到戴师长的捷报，戴师以一师之寡，竟遏阻住了敌军一师团之众的前进，缅境的故事可说是到此时才开始。捉到的日本俘虏也自供认说：从边境打来，过仰光到庇古，我们始终是在"行军"，直到同古我们才打到"硬仗"。戴师长确是打了十多天的硬仗，敌军始终未逾雷池一步。战争开始十多天后，×副师长奉命赴东瓜侦察，我也随着前去，那天夜深，到达戴师长的指挥所，次早见到他虽经过十多天的苦战，却仍是那样的胖，那样的笑。他见了我，就笑着说："翻译官，初次上火线，你可别怕？"就在这见面的时候，突然在我们的后方响起了炮声，仍是敌人由后迂回包围，恰与戴师长刚派出向敌后迂回突击的部属遭遇。当时指挥所就在同古正面，处于敌人包围的中间。我们听着枪声、炮声、飞机声，还是镇静地吃着饭，局势是相当的紧张，正面敌人已开始猛攻，后方的兵力不够，可是在戴师长的脸上，既看不出一点惧怕，更找不出一点慌张，胖胖的脸还是微笑着，电话不断地响，他也就跑来跑去地忙着指挥，可是他还忙里偷闲地说："尽管他打！我们肚子可不能空，来，还是来吃饭！"

前后的战斗都在激烈地进行着，敌人的排炮开始向指挥所轰击，炮弹就在指挥所四周爆发，破片飞扬，戴师长研究了一下地图，就下令师部人员向东瓜正面退，再转上通毛奇的支路，受伤官兵也到那面，并暂请×师长主持，我们立刻上车走了，他仍留在原地，带着两三名卫士，擎着手枪，安闲地守着电话机。

新师部离火线远了一点，可是仍在包围圈内，当晚十一时左右，戴师长来了，前线情况不大好，我们伤亡大，没有增援，也没有补充，他却还是老样子，没有惊慌，没有恐惧，只有笑！他与×副师长商量了一下，胡乱地吃过饭就走了。第二天前后受敌的战斗又继续了一天，夜晚戴师长来了，虽然还是老样子，却因一天一晚的支持，脸色不免显得苍白，喉咙已经嘶哑，因数晚没有好好地睡，只是躺着假寐，守着电话，我在睡梦中常听到他在叫："×团长！你要死守这一个缺口！没有援军！没有补充！人打完也要守。"这一晚，他时而嘶叫，时而研究地图，四周是寂静和黑暗，他心里却都是自信与坚决。

×副师长因为自己的部队还在后面等着他指挥，所以决定先行冒险突围，次日清晨，我们带了六七名卫士开始走了。戴师长送我们到门口，坚决地对副师长讲："×兄！请你报告军座，我决不退，我们伤亡大，敌人比我们伤亡更大！我要死守同古，争取国军的光荣，牵制敌人的兵力。"这次我们走了一天，回到××师的阵地，虽然仍在火线内，却已是安全。而戴师长却仍在重围中苦战！三天后，我又回到军部，得到的消息说戴部仍在苦斗，包围圈是被缩小了，戴师长没有要求援军，更不要求撤退，只是叫后面赶紧打，他在前面牵制敌人的兵力。又过了六天，听到戴师长突围出来的消息，我赶紧跑去看他，他却还是老样子，胖，健，笑。"那天苦了吧！大学生，上火线，害怕了吧！"我没有回答，只瞅着发呆，我简直怀疑他不是普通的"人"，吃苦也有限度，身体总要受点影响，而他却仍是老样子，除了眼睛有些微红外，什么都没有变。我心里想："他不是常人，应该是个铁人！"他的部队连打了几星期，军长要他休息，他却笑着说："我兵力少，可是还能担任前线警戒的任务，前方要人，我不敢偷懒！"决心后他又上前线去了。

同古一战，奠定了国军的声誉。

半个月后，仁安羌英军被围，戴部调回警戒，我想去看他却抽不出空，两天后，泰缅边境×军吃紧，我们也调回来赴援，半路上遇到他的部队，见到他在公路旁的草地上和军长坐着谈话，×副师长和我跑了过去，此次戴师的任务又是艰巨的。×军放弃了棠吉，他却受命要在次晚开始攻击，翌晨克服占领，而目的地尚在百英里之外，可是戴师长仍是安详的老样子，心里发出必胜的把握，他还打趣似的对我说："老弟，你又来了，尽往火线上钻，倒还有温热的一杯开水算作棠吉敌人的丧酒!”喝完他便走了，军长望着他的背影消失，微笑对×师长说：“有办法。”

第二天傍晚，得到他已到达目的地开始攻击的电报，我们都惊异着他用兵的神速。半夜又接到“敌阵摇动，巷战开始”的消息。次晨知市区已被占领，左翼小高地尚在争夺中。后来是棠吉已被确实占领！大家都鼓舞着，庆贺着，深信棠吉的克服足挽颓势，缅境盟军又可站定，而戴师长又再度完成一次光荣的战斗。

可是出乎意外的，敌军不再攻棠吉，却是紧随×军后背直指腊戍，左翼英方阵地也在后撤。我们又陷重围，军长率领车辆部队连夜向曼德勒外围转进，戴师奉命步行，由棠吉后撤，我们也奉命自克劳后撤。

正像台儿庄大胜后的徐州突围一样，棠吉克服后，接着就是经月的大突围。关怀着戴师长，更怀念着他的笑容。我们成天翻高山，过森林，得不到他的消息，更不知他的路线，偶然收报员说昨夜听到戴师长的呼号，可是找不出他在什么地方。有时老百姓说昨天有上千的队伍由此经过，我们就相信戴师走在我们前面。在重围中，在深山里，随时有危险，随时可被袭击，谁都自顾不暇，可是谁都在关怀着戴师长。

我们冲过最后一条敌人占领的公路，进入国境，可说已脱离了险地，那时我们才由军部来电中，转知戴师长还在缅境，还负有袭击敌后的任务！我们祈望着盼他早完成任务，早脱重围！我更渴望能再见到他爽快的笑容，听到他打趣的谈话。

比晴天霹雳还要出人意外，谁都想不到会在这里得到他的噩耗，我更想不到公路上那一次会面，匆匆十分钟的谈话，竟是最后一次谈话！

残烛已熄了，可是谁都不愿再燃起另一支烛，在黑暗中追念殉国烈士，是更觉得亲切可悲的！

我隐约地听到哭声，——是民众在啜泣，——是民众在流泪。“来，喝一杯开水，算作敌人的丧酒!”豪爽的言词还在我的耳边！我愿永留着这有力的音响!

◇ 原载1942年7月11日《扫荡报》

访问方先觉将军

◎《扫荡报》报道

方先觉（1903—1983），字子珊，江苏萧县（今属安徽）人，抗日爱国将领。1944年5月，方先觉在衡阳保卫战中指挥国民革命军第10军，面对6倍于己的日军重兵围攻，坚持防守47日，直至部队弹尽粮绝、城内废墟一片。在援军久久不至的绝境中，方先觉在日军答应不伤及我军生存官兵的条件后向日军投降。之后，方先觉被日军囚禁，不久成功脱逃返回重庆。本文是在方先觉回到重庆后所做的采访记录。

在凯旋路一所小屋里，十二日的午后，我会见了苦守衡阳、力尽被劫，现幸脱险归来的方先觉将军。

楼上的小房间内生了熊熊的火盆，充满了暖意。我跨进房间，就看见身材魁梧、戎装整洁而又面带疲惫之容的方先觉将军，他起立让座，我趋前跟他热烈握手。如果说感情确有抑不住的时候，则当时我正从心底泛上了一股感情，它变成了语言，向方先觉将军致敬并致慰。我说：关心方先生的千万同胞，都为方先生的脱险归来而喜跃！

“谢谢，记者先生。我虽然回来了，但惭愧却难免：因为我既未成功，又未成仁！”

方将军因途中奔走的辛劳，声音显得暗哑。他谦逊地劝坐，我选了一个与

方先觉将军

他对面倾谈的沙发坐了下来。

他的高级参谋彭克负先生跟他一道脱险，这时也在座。当我问到他们苦守衡阳弹尽援绝的情形及这次脱险的经过时，他们不胜追忆之情。

是的，他们经历了弹尽援绝的日子！记者在这里记下了他们的叙述。这日子是八月七日。清晨，城外炮声震天，敌人的进攻到了最猛烈的阶段，衡阳城的西角被敌突入，但突入的数十敌人却被围歼了。

如临暴雨的黄昏，城外烛天的火光，夹着敌人的重炮声，在不断地向城内轰击。一万七千多弟兄，经四十七天的战斗，剩下的只有几千人了。堵缺口、守堑壕，连勤务兵都上了阵。当大势不支，突围的希望变成绝望之后，方将军想到的只有报国的一死。他的左右拥抱着他，不让他自杀，他不自禁地流了泪！一夜的混战在激烈进行着。八日，衡阳城中央银行的军部被四面八方突破核心防线的敌人包围了，于是，方将军和多位高级军官都被劫持了。竺南黄茶岭下的欧家町，有一座意大利的天主教堂，教堂里失掉了柔和的钟声，代替的是遍地血腥。方将军等被囚禁在那里，周遭是荷枪实弹的敌兵，但城里的屠杀正在开始，敌人为报复，为报功，大规模残害第十军剩下的几千同志。敌第六十八师团师团长堤三树男到天主教堂的时候，方氏向他提出了两大要求：一，应遵守国际公法，不能对已经手无寸铁的中国士兵加以残害；二，要第十军的官兵死，应让他们死在衡阳，衡阳是第十军的葬身地。但堤三树男却拒绝了。

在天主教堂里的被囚生活，从八月八日到十一月十九日，屈指算来是三个月了。三个月的时间虽不算长，但在囚禁中却并不短。中间曾有南京伪组织的日籍顾问吉丸代表中国派遣军的畑俊六来劝说方氏，要他出任先和军的军长，方氏誓死不从。中间也曾有敌伪的大员来向他宣传，搬弄着“大东亚和平”及“圣战”的一套鬼话，方氏始终不为所动。囚禁的日子长了，敌人的警卫也渐渐松下来，方氏跟他的部属商量，决定了伺隙脱逃的计划。在方氏被劫的时期，英勇的第十军军官化装逃出的大有人在，逃出的同志找到了在×××××一带领导游击抗敌的××县长，严密布置了保护方氏脱逃的一切。敌人可乘的虚隙、可逃的路线、可逃的时间，都暗中排定了。十一月十八日晚上黑云密布，寒雨绵绵，衡阳已入严冬。十九日天色阴霾逃走的时机到了。方氏终于化装乘隙越过天主教堂的高墙，与彭高参相率向衡外摸索逃走，到了约定有游击队应援的地带，他们才得到保护，算是离开虎穴了。足足二十天的时间，不分昼夜在湘西道上奔走，好容易在十二月七日才到达芷江，就从芷江乘专机飞到昆明，十一日由昆明飞抵重庆。他见了蒋委员长，报告脱险的经过。

这伟大而传奇式的英雄行动，是抗战中国的一页史诗，记者昨天就面对着这页史诗的作者。看他疲惫的神色和瘦癯的脸颊，问起来才知道他在被囚期间曾患恶性痢疾，一度病倒，加之在囚中的生活冷暖失常，吃的是盐水煮冬瓜，更把他健壮的身躯折磨得比过去消瘦多了。

“望方先生好好休养，祖国正万方多难，祖国正需要你！”记者向他告别时诚恳地说。

“蒋委员叮嘱我稍事休养，我愧感得不安。关于衡阳战事的详细情形，将来有机会另作报告。”方将军一面说，一面送记者下楼。为了留下纪念，记者请他签字，他欣然提笔写着：“方先觉　十二月十二日”。

◇ 原载1944年12月13日《扫荡报》

访问朱德总司令

◎ 史沫特莱

朱德（1886—1976），伟大的马克思主义者，无产阶级革命家、政治家和军事家，中国共产党、中国人民解放军和中华人民共和国的主要缔造者和领导人之一。本文是1937年10月史沫特莱女士在五台山革命根据地对朱总司令的访谈记录。

史沫特莱，美国著名左派记者，曾为共产国际工作。1928年以《法兰克福日报》记者身份来到中国。1937年，史沫特莱奔赴延安，采访毛泽东、周恩来、朱德等中共领袖，著有《伟大的道路：朱德的生平和时代》等书。史沫特莱在英国去世后，骨灰被移葬在北京八宝山革命公墓，朱德亲题："中国人民之友美国革命作家艾格妮丝·史沫特莱女士之墓。"

朱德总司令的位于五台山的总司令部安置在一所白色的大房子里，这所房子原是地主的住宅，当两名中国新闻记者和我进去时，他正坐在一张小凳上，由理发师给他理发。他挥手大声招呼了几句，后来便领我们走进一间大房间，里面挂满从房顶直垂到地面的军用地图。在指点清楚日军和中国军队的阵地后，他便解释起八路军的战略和战术："在战略上，我们打的是持久战，消耗敌人的战斗力量和补给。在战术上，我们打的是速决战。因为我们在军事上比敌人弱，我们永远避免阵地战，而混合使用运动战和游击战，打击敌人的有生力量，同时，我们发展游击战，扰乱、吸引、分散和消耗敌人。我们的游击战给敌人增添了很多困难，这就便于我们的正规部队在有利情况下展开运动战。”

他把将来的计划也加以说明：“我们的计划是要在全华北和西北山区建立许多敌后根据地——就像在五台山这个根据地一样，敌人的机械化部队无法施展。我们的正规军可以休息、补充和整训，游击队和群众也可以在根据地受训，小型兵工厂、学校、医院、合作社和区政府都可以集中于此。从这些根据地，我们可以攻击敌人的部队、碉堡、战略据点、军火库、交通线、铁路。毁坏了这些目标以后，我们的部队就转移，攻击其他地方。我们要巩固和利用这些根据地，从而扩大我们的作战范围，好把我们的战略防御阶段转化为战略性进攻。蒋介石同意了这项计划，五台山区根据地的建立也是他同意的。”

我们正说着话，彭德怀将军进来了。他平常很严肃，现在谈起捷报不断从敌后广大地区传来时，显得兴致很高。朱将军眯起眼睛仔细听，把那顶带有褪色红星的破旧军帽，直推到新剃光的后脑勺上。

“你应该调查调查我们动员和训练群众的办法，”彭将军挥着愉快的手势大声说道，“群众对于我们真是如鱼得水啊。这是民族革命战争。要想胜利，一定得依靠部队的勇敢、自信和战斗力量，得依靠指挥员和战士的亲如手足般的关系，还得依靠我们和其他中国军队的紧密团结。我们在部队和人民中，政治工作做得很深入细致。群众跟我们团结在一起，男人、妇女、孩子，毫无例外。”彭将军攥拢双手放在桌上，继续说道：“当然，你会发现许多令人鼓舞的标语和宣传画，但是最重要的还是我们部队、游击队和人民的教育工作在逐渐开展。我们的目的是激发人们的深切的民族意识，并且把敌人的情况和计划告诉我们的部队、人民，用来教育他们、启发他们。每一个人必须认识到，不付出代价是得不到胜利的。战争不过刚开始！”

朱将军依然眯着眼睛，一边盯着一处，一边答道：“这话对，可是国民党军队也的确应该改变改变！国民党军官仍然打骂他们的士兵——他们不讲丝毫

史沫特莱与朱德

道理，就是要人服从。这是封建办法！应该用友谊、互敬、信任和互助来代替这种办法。大家同甘共苦。军官和士兵的生活条件也应该大体一样，这样才能让人家全心全意地参加抗战。”

“能办得到吗？”我大感怀疑，而永远是乐观的朱德答道：“得费些时候。我们的部队应该做出样子来。战争一直打下去，国民党军队如果还不改革，便只有一败涂地。为什么日本军队里有那么多伪军作战呢？为什么日军吹嘘什么用中国人征服中国呢？就是因为国民党从来不曾清除全国的封建情况，不肯取消军队里的封建办法。我们必须说服国民党，必须争取伪军反正。”

朱德和彭德怀跟我们谈起了林彪一师人在平型关消灭日军一个旅团的战役以及其他战役，在这些战役中，日军除非受了伤，是绝不投降的。他们说，甚至受伤的都装死，等八路军的担架兵弯腰去抬人，便跳起来把担架兵杀死。贺龙的部队打垮敌人的运输队，日本兵死命攀住卡车，不用刀斩就不放手。在搜寻日军尸体的时候，贺龙的部队发现了许多由日本共产党和日本反法西斯联盟签署的反战传单。

朱将军提到这些传单，不由得兴奋起来。

“也许我们杀了自己的同志了！”他高叫道，“可是我们哪有其他办法呢！我们的部队应该多学几句日文，好对日本兵喊话：不杀俘虏。敌人军官一向告诉他们的士兵说，共产党折磨和杀害俘虏。”

朱将军把一张已经译成中文的传单放在我们眼前。里面有一段写道：

可怜那些在九一八事变前后死亡的二十万名弟兄！为谁而死？为何而死？为了军国主义者——为了自己国内野心勃勃、贪得无厌的军国主义者！难道我们再去上当吗？……亲爱的阵中同志们！……要求军国主义者偿还我们弟兄的生命。我们应该站起来，把枪口朝向真正的敌人——军国主义者和财阀。只有打倒他们，我们才能在远东获得真正的和平。

早在从阵亡日军的口袋内发现这些传单以前，八路军政治部就对日军展开宣传工作了。现在，由通晓日语的人负责的“敌军工作部”下令迅速扩展工作，在部队中教授日语——这项工作的确是在八路军和新四军内全面展开了。

谈到日本兵，朱将军用愤慨的语调大声说道：“日本人情愿被打死而不愿被俘，他们那种拼死作战的精神不应该单纯说成是勇敢，里面还蕴藏着犯罪和胆怯的情绪。他们杀了我们那么多同胞，强奸了那么多妇女，他们深怕给我们逮住。他们公然吹嘘自己的‘杀光战’。他们以为，只要落在我们手中，我们会用他们折磨和杀害落在他们手中的中国士兵的办法，来折磨和杀害他们。从今以后，我们要对日本俘虏的工作多加注意。”

这次谈话的第二天黄昏，朱将军奉命立刻南进，前往正太铁路支线，日军已经突破该地，正向太原进军。

那天晚上，朱德的总司令部彻夜灯火，拂晓时分，我们踏过晋东干燥而荒凉的山冈，向南挺进，贺龙的一个师留在晋北，八路军的一个行政天才——聂荣臻将军率领一一五师的两个营留在五台山，实力雄厚的晋察冀根据地就是在这个基础上发展起来的。其他部队随朱德总司令部南进，跨过正太铁路。这时，日军第二十师团以飞机开路，正从东面长驱直入。

十一月的头三天，八路军的一一五师，加上刚刚重创了日军的一二九师，边行军边打击敌人。在这次战里，第一次活捉了两名日军，一名是无线电报务员，一名是步兵上尉。四百多匹驮马的补给，包括粮食、药品、军火和冬季大衣被截住了。在东北被强拉去看守马匹的二十名农民也俘虏过来了。

但是这一仗未能阻止住太原在十一月十三日陷落。后来，朱将军把一二九师留在有铁路的地区，阻止日军巩固势力，总司令部和一一五师则向晋南挺进，一路上冷雨如冰，大雪难行，部队只好留在村镇里召集群众大会。到处留下群众工作者，以便将山西全省发展成为抗日根据地。

战场之外

商都重光

◎ 陈幼谌

1935年5月30日，4名没有护照的日本特务潜入察哈尔省境内绘制地图，行至张北县，被当地驻军扣留，日方借机提出蛮横要求，制造了“张北事件”。随后，日军要挟国民党政府签署了《秦土协定》，导致冀察两省大部分主权丧失。同年12月，日军占领察北，当地人民开始了在日伪长达十年的统治下的艰难生活。

陈幼谌，曾任《大公报》特派通讯员。文中所说商都位于今内蒙古自治区中部，当时属绥远省管辖。

由平地泉出发

为参加全民族复兴工作而生活在国防最前线的人，随时都希望有个突发的环境和前进的路子，使自己整个精神和生命有所寄托，及充分活跃的机会。

到了红格尔图，深知伪蒙匪军之不足惧，百灵庙、大庙克复后，而益信敌人策动之结果，决不能动摇我蒙疆，侵略我边陲。其所必欲实现的“大陆政策”之美梦，可以完全打破。

捷报频传，在“八一四”晚上十点钟，于英雄壮烈的牺牲之下，商都终于克复了。令人非常兴奋。查商都自沦陷到现在，计日恰为一年七个月另十二天。没有了祖国的同胞，一旦重见天日，无不额手称庆，感谢政府。

避免敌方飞机轰炸汽车，记者与骑兵第一师司令部李军医长，经十余名护兵的照料，遂于十五日晚十时，由平地泉出发，那正是商都克复后的第二日。

到了商都

汽车翻越了两重山坡，渐次可以见到殷红的血迹和军装的碎片呵！战士的血，民族之花呀！此时的心凝重了，对前左右三方，凡是目光可能接触的任何东西，都予以特别注意。

“商都到了！”同车的人，都显示出一种紧张的情绪与得意的风格。因令司机把车开得缓些。天已明，一切景物正沐浴于晨光熹微中。

商都为“察北”多伦化德等九县局之一，原为内蒙古牛羊群，马群于六、七、八台王公地。城在七台旧址，筑土为城，宽一丈二尺，深一丈，周围四千步，在察哈尔省西北极边。东与张北，康保接壤；南界“绥东”之兴和；西北仍为内蒙古之贲红沟，与退狐神庙等地。县境东西宽一百二十里，南北长一百六十里，面积为一万八千余方里。地势平卫，无高山大川。

民国二十四年（1935年）冬季，日关东军在策动所谓“张北事件”之后，策动热河伪匪李守信军、进攻沽源、宝昌，未几我商都驻军张书田部骑兵亦被迫离开。自是我商都县六百四十一村，一万一千四百九十五户，六万二千二百九十九男女同胞，遂亦失却祖国的保障，被加上个“亡国奴”的徽号。于是察北各县局完全为外人势力所有了。

能牺牲的代价

车入商都，道经南门。转到县政府街以后，可以看见很多的行人。我们的同胞，我们的战士，都显示出一种欣快的颜色，衬出新的有生命力的活气，笼罩了整个的商都。

国际间只有民族战争，壮烈而伟大；只有为民族战争而牺牲的战士，才有意义和价值。死得其所，虽死犹生！

由平地泉出发之前，知道进攻商都有骑兵第×师，骑兵第×师，陆军步兵第××旅，及炮兵等部之各一部，在彭××师长指挥之下前进，为操必胜之券，故在步兵方面，牺牲最烈，颇能为民族战争放一异彩，值得崇敬。

入商都后，彭门各师长都已率部前进，遂先访此次步兵长官××旅旅长董××氏，董为傅作义将军部之少壮军人，长于军事，富于民族思想。记者与之见而仅有一次。平时舆论，誉为祖国未来之将材；与其赞襄戎幕之张参谋长，堪称伯仲云云。

计划收复察北，为时已久。重以整个局势关系，迄未实现。但国家全体性的战争开始了，收复失地，为我全民族共同必由之路。因在绥察方面，决于八月十日以后，收复察北。绥东由平地泉等地出发，限于十三日以前，我所有队伍在商都附近集结完毕，开始进攻。

以战略关系，我军于十四日拂晓，进逼商都城下，步骑炮兵，以密集炮火向城内射击。时敌匪在城内者，计有蒙古军第二师尹宝山部一师人，及蒙古保安队一中队，但合计全数，不满一千。可是敌匪亦早有准备，据查截至八月十二日止，日人田中某某尚下令尹宝山死守商都此敌匪之第一道防线，承认以大量之军火军队，为之接济，并称将派飞机若干前来助守。因十二日尹匪曾派其心腹密由商都绕红格尔图到十二苏木，晤新编骑二旅旅长石宝山，请先攻化德，彼等在商都不动，伺机反正。唯据判断结果，此种陈说未必可靠，而来人亦不能有具体保证，当挥之去。另一面而我已兵临城下，尹匪尚未知之也。

白昼攻城，是否有利，不得而知。然事实告诉我们，基于民族复兴、收复失地的场合下，盖无时无刻不可以攻城，虽有万难，但不难克复，以求达其目的。十四日自午前六时起到午后十时止，敌匪以三十余挺机关枪，在城之西北角上凭着坚固工事，向我步兵密射，终赖英勇壮烈、前仆后继的战士于大炮掩护、骑兵的协助之下杀进城去，克奏全功。是何等的壮烈啊！何等伟大啊！是役计死敌匪参谋长以下六百余人，余在逃。我军伤亡三百余名。

十五日晨由商都各界人士，列队恭迎彭指挥官、门师长、董旅长等入城，安抚我一年余以来被异族蹂躏压迫的同胞，许多年老的国民，莫不热泪盈眶！回想过去的积愤，到今日方得吐一口长气以至欢喜得痛哭失声！更彻底自信中国终有打倒日本帝国主义的一天。真是扶老携幼，箪食壶浆，以迎我军了。

入城以后，先是检视尹宝山司令部，除点验各种文卷册籍，清理军用必需品外，方知敌匪确欲固守商都启视库藏，有新近由张家口运到之汽油七百余箱，由多伦等地运到之子弹十万余发，由张北运到之大炭五十万余斤。至于军食，以商都为出产粮食之区，正计划征收统制运销之中。于是由董旅长派员封存，作为战利品。

在尹宝山司令部后面，为其公馆，我们发现××团的大炮的神威，有一炮弹正恰恰射中尹匪寝食侧旁之护兵室，当死尹匪亲信随从一名，秽血遍地，使尹匪心胆俱裂，遂弃其爱妾两人而狼狈逃去，现其妾两人尚在城内，由我方派兵保护，并送给食品，以彰我宽仁之德。

嗣即在县政府巡视，除县长朱敏痴及翻译官等三名在逃外，余自总务科长以下，均系当初被迫降敌，全留待罪未去，当由董旅长分别亲加抚慰。同时就近召集全城士绅，公推代理县长，暂维县政。当推定前县府总务科长、河北任丘人刘荫榛代理县长职务，其余各科长，由士绅分别负责，准予暂行留职。当令将县政府之顾问室撤去，所有顾问室之一切文卷封存待查。

其次为日株式会社所分设之大蒙古公司，及商都俱乐部，均行分别验封。唯电报邮政各局之负责人在逃，目前不能继续供应交通上之需要。

旗帜飘扬在商都

因自己职务关系，在商都只能留住两日。行前曾一再访问县政府及学校。

嗣应刘代县长及各士绅之请，与沙茫同志为商都各界会同组织了一个“商都县民众庆祝抗日胜利大会”，照内地开会法，拟了一个开会秩序，规定了全县即日悬挂国旗（编者注：即当时的中华民国国旗，下同），制定标语、口号，撰了商都县民众庆祝抗日胜利大会告民众及敬告前线抗日将士书两种。会定八月二十日上午八时在城内马王庙戏楼广场举行，可惜记者十八日午若筹备完了，就要离开。据说，日本人到商都后，限制各机关及商店一律将中国之国旗及总理遗像烧毁，改悬日本旗与蒙古旗。但除总理遗像确已无从求得外，原有之国旗，商都城内几每家都存在。当记者离开商都时，我国旗早已飘扬在商都了。

◇ 选自新声出版社1938年版《全线血战记》

广州在轰炸中

◎夏　衍

为了侵占广东，日军于1937年8月31日首次空袭广州，至1938年10月21日广州沦陷，对广州市进行了长达14个月的狂轰滥炸。据资料显示，当时日军悍然违反《海牙公约》，轰炸目标不是针对军事设施和战斗人员，而是对准当地百姓，几乎都集中在当年广州人口最稠密、商业最繁华的地段。其中规模最大、使广州损失最为惨重的是1938年5月、6月间的大轰炸，仅仅一个多星期，日军共出动飞机14批100架次，广州城内瓦砾与尸骸堆积。夏衍这篇报道真切地记录了当年的惨象。

到傍晚，一天的轰炸完毕之后，除出几缕黄灰色的火焰之外，广州的天空依旧回复了她原有的澄澈与清明，几小时之前作为屠杀者掩藏处的一朵朵的轻云，依旧奇伟而又深邃地浮在人们的头上，这样美丽的自然，这样和平的大地，谁能设想这是一连十二日，每日轰毁几百民家、学校、医院，每天屠杀几千非武装平民、妇孺的场所！广州是被连续无目的地轰炸了十二日了，要轰炸到什么时候为止，谁也不能知道！广州街上尽是半疯狂状态地号哭着的失了丈夫和儿子的女人，尽是装在运货汽车上的一列列的白木棺材，残砖碎瓦，倒坏了烧毁了的民房、炸弹片，一排排的用芦席盖着的尸首，和由红变褐、由褐变黑了的血迹！晚风吹过来，空气中充满了火药气和血腥！

是的，经过这十多天的轰炸，广州是遍体鳞伤了，任何一条路上走一百码，就可以看见一处惨痛的伤痕，但是，广州还活着，脉搏还正确而有力地鼓动着，遍体鳞伤是不能致命的！广州还在战斗，广州咬紧了牙根在忍受一切该忍受的苦痛！

不亲身经历过，是不会理解轰炸人口稠密都市的残酷和恐怖的。从去年九月起，广州是经了十个月的长期轰炸了，但是以前的目标是在近郊的铁路沿线，即使到市区来也不过小规模的轰炸。所以经过了这长时期之后，广州市民对于空袭渐渐从镇定而变成麻木了，二次警报之后还是维持交通，高射炮怒吼的时候市民也没有张皇的情状。外省到广东来的人们称赞广东人的镇定，广东人也拿这种镇定来自己夸耀，而忽略了对空袭的警觉和准备，于是，惨绝古今的惨闻，就在这种情形之下发生了！

五月二十八日起，敌机大规模地向广州市区轰炸了，来的飞机最少是十二架，最多的时候是五十二架，掷的炸弹都是三百磅至五百磅的巨弹，一次投下的弹数最多的日子是一百二十个，每天来袭最少三次。五月二十九日、六月六日，整日在轰炸中，全市民简直没有喘息的机会。投弹，全然是无目标的，商店、民家、学校、幼稚园、医院，甚至于屋顶上铺了法国国旗的韬美医院，全是他们的目标。五月二十八、二十九、每天死伤的人数是一千人以上；六月六日，死者一千二百，伤者简直无法统计。日本发言人声明要炸的军政机关，可差不多完全没有炸到，那样目标显著的市政府，周围投了几十个巨弹，但是结果只炸毁了几棵大树，和震碎了这伟大建筑物的一些玻璃。其实，即使炸中，这也是只和“房屋”作对，在军事上完全没有意义的。很明白，在这样大规模的轰炸下，敌人明明知道政府官员不在这些建筑物里办事，这只是一种诡辩，一种对国际间放送的掩护大屠杀的口实，在广州的外国新闻记者都知道。单就到今天为止，殉职的军警还不到死难平民的千分之一这一件事，就可以知道日本帝国主义者要轰炸的目标究竟是什么了。

这是一种人间地狱的情景！我依旧要说，不亲身经历过是不会理解的。你知道炸弹在你近处落下的时候所发出的那种和空气摩擦的“哔哔哔哔”的声音吗？这惨厉的声音以一种可怕的力量，深压到每个被威胁者的灵魂深底，在这一瞬间使你失去思考的余裕，闭着眼睛等着，也许下一瞬间你的生命就会这样地消去！接着，是震聋耳膜一般的轰响，窗格的震动，玻璃裂响，一两分钟之后是一阵黄灰色的烟，冲鼻子的是一种泥土和火药气混在一起的使人喷嚏的臭气……当然，在这几秒钟间，几十几百也许是近千的生命是像蝼蚁一样地消失了！这过程反复重叠着，从清晨五点钟到傍晚，从晚间七点到午夜。

在猛烈的轰炸中，人们是并不感到特别的恐怖的，不，可以说，在那决定生命或断或续的瞬间，人们心里会自然地产生出一种超过恐怖的安定感的。人们伏在地上，没有话，没有表情，有的还默默地凝视也许他从来不曾看见过的地上的小虫。在麇集着几百个人的逃难处，沉默得像一座森林，连小孩也不敢哭，被一种无限的森严镇压住了！

广州最繁盛的街道全被炸成瓦砾场了，黄沙车站附近，已经是一片平地了，文化街的永汉路、惠爱路、长堤，每走几十步不是一堆焦土和残砖，就是一排炸成碎片压成血浆的尸块。五百磅的炸弹下面，钢骨水门汀的高层建筑也是没有抵御力的，那种惨状谁也不能想象。路上散碎着人的肉、毛茸茸的小孩的头盖、灰黄色的脑浆，炸到几十步远的墙上的紫蓝色的肚肠，风吹着，这肠子慢慢地在摇晃，红的血被太阳一晒，变成赤黑色的凝块了。尸亲发着低低的泣声，在尸丛里面寻找他们的骨肉，找不到的时候痴呆地回去，找到的时候一阵凄厉的哭声。我看见一个四十几岁光景的妇人捏着一张照片，揭开盖着尸首芦席和草纸一个个地在寻她失迹了的亲戚，看照片，那是一个十四五岁的天真烂漫的姑娘。

我是一向怕看死人，怕看人血的，可是现在，我能够在尸场上慢慢地走，我能够踏过那涂满了街道的“血路”了，不踏同胞的无辜的血，是不能通过罹灾区域的！残酷吗？不，这是感觉的麻痹，这是对于恐怖的感受的疲劳和饱和！

广州是以街道树的美丽出名的，而现在连这些正开着花的树也遭了殃，附近落了弹，这路上的街道树就会换个模样，红的花、绿的叶，全震落在地上，不炸倒的树，也变成落了叶的枯树了。我们看到路上有落叶，就可以知道这一带有轰炸。

对于投弹的漫无目标和野蛮残酷，真使我们怀疑从飞机中投弹的是不是和我们同样的有父母儿女，有知觉感受的人类！二十九日第二次炸惠爱路，看见红十字会和童子军在上一次灾场发掘尸体，而他们竟低飞对准这发掘工作者投了三个炸弹，这是战争吗？这些被屠杀的是战斗员吗？我想问问西方先进国家的朋友。

香港英文《中国邮报》的驻粤记者报告中有下述的一段："余与一美国摄影记者，蹲于爱群酒店之屋顶，而观惨剧之开演。余非故作惊人之言，汉民路为广州市第一大通衢，是日平民之被炸毙于该路者达六百余人，全路路面，为之作赤色，葬身华侨理发店之瓦砾堆中者，亦有百余人，盖五百磅炸弹一枚，曾坠于是也。余曾见三所学校，惨遭炸毁，其中一校，尚有十数童尸，横陈地上，余助红十字队工作，发掘十五英尺瓦砾，见一年约十八岁之女子，虽被埋压，然幸未受伤，彼指导红十字会人员发掘，救出彼之老父；余又见一妇人，背负孩子，该孩子已死去多时，慈爱之母亲，犹不忍将之放下，抱头痛哭；又见一孩，坐于死猫之旁痛哭，彼犹不知一家八口只得彼一人生存，一般推测，该孩子当空袭时，必因追猫出外，而其家人则尽葬身瓦砾丛中矣。"

同样地一个老年的医生对记者发表谈话说："我从事医生三十年，从未经验过这种惨绝人寰的患者，一妇人以手按住已流出之肚肠，而犹频频回头视其背上的婴儿，而此婴儿之头盖，已被机枪子弹扫去一半。"人间何世？这是什么世界？世界上一切理智清明的人，能够袖手旁观，让这野蛮的屠杀继续下去，扩大下去吗？

这样的屠杀，继续着，我在轰炸中零零碎碎地写这篇通讯，已经因为警报而停笔了四次了，今天是大轰炸，大屠杀的第十二日，昨天是旧历五月十一，上弦月已经半圆，今后未死的广州人是要遭遇到更惨的夜袭了！

◇ 原载1938年6月12日汉口《新华日报》

可怜倭阁梦里人

◎《扫荡报》报道

万家岭位于江西省德安城西北，1938年10月间，中国军队在抗日名将薛岳指挥下，在万家岭山区完成了对日军106师团的总包围，经多日激战，全歼敌军，史称“万家岭大捷”。本篇报道便写于此次战役后，以回忆胜利的方式激励我方士气。

记者于赣北我军春季冲击后，随×军出击队深入寇后，向××挺进，道经赣北首次大捷之主战场——万家岭，特登临凭吊。此地现距当时大战期逾时年余，然岭上战时遗迹，已充分表明寇军惨败之一般。

万家岭上骨，正是倭阁梦里人，满山满谷的寇军墓地，与“皇军爱马”的遗骨，在记者经过斯地时，正是倭寇清明扫墓后，所以在每座墓地前或是骷髅遗骨上都遗留着寇军的哭丧景象。

在五具残缺不全的骷髅骨旁，树立一块竹牌，在隐约可辨的字迹上可以看出死者敌陆军步兵大尉何岩五郎外五名之墓。在何田大尉的墓地旁，大约有五十丈是掩埋寇军士兵的土堆，我们从土堆上插着的一些竹牌上，看到葬送到异国国土上的鬼子兵，大多数是属寇军濑川部队、北川部队。又在一个墓碑上记载着死者的姓名是伍长板良敷朝柱，军曹松本吉人，上等兵上里好盛、岩下嘉藏、桥口武雄、梅田茂德、鲛岛富夫、宫崎信义、大田八郎……这是在万家岭上几处寇军自取灭亡的佐证。

万家岭下一处竹林丛草中，又有一块宽约五丈的石砌墓地，是寇军辎重兵中尉东屿哲雄和他的将兵忠马的墓地。在这广大的墓地上，每一根墓牌都戴上了一顶寇军的钢盔，或是一顶小尖帽。远远望去，好像无数的鬼子兵在为着他们的战友哭丧，不也是在咒骂日本法西斯强盗压迫着倭国的兵民，都葬在中国的大网下，活的来，死的去吗？

在一间茅棚的附近，寇军的尸骨坟墓和茅棚里的破碎的文件、书籍、罐头……遍地皆是。山溪边的一个土堆上，一大堆的残骨，一幅残旧的膏药旗摆在尸骨上，隐隐可以看到“北川部队”四个大字，这是“皇军武运长久”的军旗，现在偃息在这山地里，更足证明当时寇军惨败溃窜的狼狈情况。

万家岭西北一个盆地上，“皇”军的尸骸马骨有如山积。在大堆的马骨旁竖立两根木牌，写着“濑川部队阵殁爱马之牌”和“皇军爱马之碑”的木牌，和一些破烂的钢盔、马鞍……这大概是当时与“爱马”同归于尽的“皇军”一部队的遗物。

雷鸣鼓刘村是万家岭下的一所山庄，寇军在村旁的一株大树上，写上两行含蓄深刻厌战意义的语调，“雷鸣鼓刘村激战之地”“昭和十九年十月竹内队宿此树下”。当时寇军竹内队正是在十月北风寒的初冬时节，为着被寇军的驱策，来到中国妄想“征服中国”，曾经餐风露宿在此树下。从“宿此树下”四字的含义里，可以看出当时寇军的心理，是深刻的感觉苦闷！为什么抛弃了快乐的家庭生活，来“宿此树下”？

在雷鸣鼓刘村的一家菜园里，有一座寇军军官墓，他们用老百姓的墙砖，堆垒像是一座小花园，在墓地的木牌上，辨识是寇军福元步兵中尉外五名的坟墓，在墓地的四角，插着一些枯枝残花，象征着泥脚的倭寇，走进到中国的山岳地带，处处都是他们的归宿地，有如墓前花草的穷途末日。

哔叽街又是寇军“幽默过去”的处所，我们从遍地的尸骨与墓碑林立的土堆上，证明当时寇军在哔叽街死伤的惨重，估计寇军的尸骨在三万具以上，一个哔叽街上的乞丐，在这大堆的寇军骷髅中拾得金牙达三十七只之多，这不是鬼子尸骨之多的佐证吗？中国兵谁配有金牙？在街的最后一个草丛里，有一座插有寇军死者墓碑的土堆，在竹片的墓碑上，看到一部分死者的原名字，寇陆军步兵上等兵松渡米吉、中村正见、市来原熊，辎重兵上等兵忠七松岗肇，此外，尚有一块宽约五寸的木牌上写着死者的姓名，大约有二十人，因为字迹不明，无法辨认，不过死者是寇身，当然无疑。

张古山上，在一个寇军辎重兵的墓前，排着四副马骸和一顶钢盔、皮件，这大概是个辎重兵和他的“爱马”。在中国兵的猛烈炮火之下，都葬身在这山岭。我们从这座墓旁，走到张古山的顶巅，沿途骷髅遗物遍地皆是，堆积如山。这山积的遗物尸骨，更显得张古山的伟大，中国的山岳地带，就是倭寇的坟墓云。

◇ 原载1940年6月30日重庆《扫荡报》

香港沦陷记

◎唐 海

1941年12月25日，香港在经历了18天保卫战之后沦陷，往日灯火辉煌的“不夜城”落入敌手，使得当地人民陷入了深重的苦难。

唐海，浙江宁波人，早年在中共领导的国际新闻通讯社当记者。国际新闻通讯社被取缔后，唐海撤往香港，写下报告文学《十八天的战斗——香港沦陷记》。历史学者唐振常曾说：“这是一篇较早如实记载香港之战的文字。”1949年后，唐海历任上海《文汇报》采访部主任、编委、副总编辑等职。

“真的？还是假的？”

记不清是哪一位外国记者，在抵达香港后一个时期的广播中，说香港人民的安定生活，不过是一种鸵鸟式的生活。危险正潜伏在四周，自己却装着看不见，不理会。

装着看不见，不理会，不去想漫天烽火的战争，香港确是安定的。一九四一年十二月七日是一个星期日。特有的安闲。电影院满座，酒吧间挤满了客人，舞场里不停地播放着爵士音乐，四周找不出一丝的战争气息。只是近两三天来香港当局在举行开玩笑般的防空演习而已。没有人想到战争会在明天清晨就光临到这个海岛上，更没有人想到这一个休假日，将是香港和平生活宣告终结的最后一个假日。

一九四一年十二月八日清晨，我看到有的报纸第一条大标题还是罗斯福呼吁日皇停止战争的消息。忽然听到隆隆的飞机声，一阵猛烈的炸弹爆炸声跟着响起来，高射炮亦随着发出声音了，炸弹与高射炮声连成一片，割破了早上宁静的空气。

几个散坐在草地椅子上的人，立即站起来向着落弹方向看过去。那面已经冒着黑烟起火了。不久，一辆疾驶的救火车掠过我们的前面。

才一刻，又听到了飞机声。高射炮重又响起来。我赶紧躲在一间大酒店的楼下，那里早已站满了许多外国人和少数中国人。沿马路住宅里的外国人，男的女的，有的站在大门口，有的倚着窗门往外看，不安和恐慌满堆在他们的脸上。

“是防空演习，还是战争爆发呢?”

大家互相观望着，互相诉说着各人不同的意见。一个肯定地说：“是防空演习。”他为着证实他的观点，举了一下今天早上的报纸：“报上没有说起战争已经迫近了啊。”

近飞机场方向的房子确实已经起火了，远远的，已经可以望见冒起的黑烟。没有人愿意相信这是战争的来临，希望它仍是防空演习的倒着实有许多人。

那个大酒店的一个华人账房，匆匆从另一个地方跑回来，用英语向大家诉说：“七点钟，七点钟，战争已经到了……”“战争！”这是一颗小炸弹，在每一个人的心底爆发开来。这一句话的威力，远超过在附近爆炸的炸弹！

当我回到弥敦道时，香港澳门中共办事处在开会。平时谈笑风生的负责人廖承志表情严肃，正在布置将散住九龙的中国文化界著名人士迁往香港。因为九龙连接大陆，日本侵略者发动战争，会很快到达九龙，而香港则是个海岛，四周是水，要进攻就得花费时间。因当时时局动乱，为保证安全，会上便指定国新社（国际新闻社）一些年轻记者、编辑担任护送任务。我与朋友一起承担了护送邹韬奋一家到渡江码头的工作。

偷 渡

这是香港战事爆发后的第一个夜晚。九龙的居民们在安排自己的命运：有的自己的住所不妥当，就赶紧带了细软东西，拖着老母、妻子和孩子搬到另外的地方去；有的随他去听天由命，只要家里有存粮不至于饿死也就得了。天黑后不久，扶老携幼的逃难者在马路上逐渐多了起来。有的向新界方面走，有的则跑到市中心来，你来我去，究竟哪儿是安乐土，谁也不知道，大家就这样瞎闯瞎摸地逃着。

九龙和香港间的交通，不知道为什么要封锁起来。如果要过海，一定要拿出“派司”才可以通过，但那“派司”只限于当局公务人员才可以领用。可是另一面，一些小艇仔这时候倒做了好生意，他们一次次搭客过海去，由每个人五毛钱一直涨到了两元钱。一大批过海的木船排在那里，船夫们都在高喊着招揽生意。

白天不断的警报，日本飞机不停地在新界方面轰炸。九龙这时候虽然还有公共汽车，但要走完一段路程，至少要上下五六次。因为才跑了一段路，警报来了，就赶紧下来躲，等警报解除了才开车，可是跑了一段路警报又要响了。到了这天下午三点多钟，过海已经比较麻烦了。据船夫说，士兵在海中的封锁线上站了岗，他一看见有船只过去，就用旗语迫令立即退回，不然他就开枪射击。现在艇仔仍肯载客过海，但他们预先声明退回来的时候，乘客要付给船费的一半。

四点多钟的时候，从新界那面传来的炮声已经清晰可闻了。市民们都慌乱地来去，想不出一个更好的办法。人力车和出租汽车载满了逃难者，逃往他们自认为比较安全的地方去。

当天晚上下雨了。雨，似乎更加重了周围阴沉的气氛。在天还没有亮的三点多钟时，我冒着雨跑往旺角码头。面对香港的群山，炮火在黑暗中耀眼的一闪，很久才听到爆炸声。

局势确实严重了，新界那面已经有难民过来。旺角码头上继续来了许多过海的客人，行色慌张地准备过海。可是望着对海时断时续的一闪闪的炮火，冒着不停息的雨珠，却一点办法也没有："不准通过！"我还是托人雇到小船。

大炮不停息地轰着，敌机时时掠过市空而去。这时四周的高射炮都瞄准着，一朵朵白烟总是在离飞机不远的地方开了花。我们的艇仔正在海中，一摇一摆地向着香港驶去。船中坐着两个流氓，用威吓的口吻向我们敲诈。原来在岸上招揽生意的不是船夫，而是码头上的流氓，他们随船过海，一路施行敲诈，碰到警察检查时，他们塞他几元钱，于是平安地过去了。

战争并没有改变香港警察要钱的习惯，而流氓就老和警察连在一起。我们的偷渡，不过花了半个钟点，可是和流氓的谈判一直没有停止。这一个平日只要八分钟的旅程，一角钱一个人的摆渡费，现在是一条船就花了八十元代价。

香港和九龙的形势完全不同，街上的店铺大多还开门，公共汽车、电车也照常行驶着，路上还依旧充满了熙熙攘攘的行路人，给人以一种平和和安闲。报纸虽然都改出半张，但是比起没有消息的九龙来，已经好得多了。

慌乱的退却

我们由九龙偷渡到香港是十二月十日。中间隔了一天，十二日下午，九龙就全部沦陷了。谁都没有预料到仅仅五天工夫，九龙就全部丢了。谁也没有想到准备了好几年的防线，竟是那样脆弱！

九龙的沦陷是可悲的。它失败于部队欠缺勇敢和自信及第五纵队的捣乱。这一个狭长的半岛上的防御，一般估计至少可以守上一个时候，不至于那么短的时期就沦陷。但因为准备不充分，部署慌乱而遭到了失败。

猝然爆发的战争，使香港陷于劣势的地位，战争一开始，就让敌人取得了

香港沦陷前入伍的华籍新兵

主动。因此，新界的防线一开始就在炮火和俯冲轰炸下向后撤，而敌人则一步进一步地逼近了九龙。

当战争进入异常紧张的关头，香港当局突然想起了被囚已有几年的我们中国孤军，发给了枪支，立刻叫他们上火线。这可以说是香港战争中最初的援军。这一支有五百人的队伍，曾经在前方进行过无数次的冲锋；更由于地理的熟悉，作战的英勇，都使并肩在一起的友军感到异常的敬佩。由于他们的英勇牺牲，使逐步后撤的防线稳定了一个时候。

前方正在进行着激烈的战斗，在九龙市区里，第五纵队已经大肆活动了。这个第五纵队，包括有些C级警察（香港将警察分成A、B、C、D四级。A级英国人或法国人、美国人，B级印度人，C级广东人，D级山东人）、防护人员，以及数目众多的流氓，他们在香港、九龙都具有几年以上的历史。

九龙英军准备全部撤退到香港的时候，战线还在市区以外，但第五纵队已经在九龙最高的半岛酒店上扯起太阳旗来，同时用手枪不断地向下射击。另一面，敌人在荃湾那一线上紧紧地向市区逼近。在掩护退却殿后的印军通过尖沙咀码头时，流氓组成的第五纵队，不停地向装运印军的轮渡扫射，印军也在船后架起机关枪向岸上扫射。

香港守军大炮开始轰击九龙仓库了，炮弹也同时落在尖沙咀码头上。在香港，已经能看到九龙仓库中弹起火，半岛酒店上的太阳旗随风飘扬。

十二日晚上敌人便占据了九龙。此后，隔了八分钟航程的两岸，就进入了敌对状态。每天，香港的大炮轰击着九龙，而九龙的大火也一直没有停熄过。七十万以上的居民，不知怎样度过这暗无天日的生活！

观战东山台

东山台是香港东区跑马地直上的一座小山。它后面所有的山上，几乎全都是香港守军的炮台。轰击九龙敌人阵地的大炮，大多是从我们山后炮台发出去的。

屋后炮台每隔一刻发射一次炮弹，强烈地震动着整个房子。这面炮台发炮不久，对面阵地的大炮就向这个方向还击。有时炮弹的爆炸使泥土和石块飞进屋里来。因此，我们这个屋子里很少有安静的时候。一听到“轰”的一声，就知道敌军的大炮已经向我们这个方向轰击了，于是赶紧从三楼四楼急急地跑到地下室，等到炮声过后才回到楼上去。晚上也总要下楼三四次，提心吊胆的连睡觉都不安定。

白天，从这里瞭望九龙，沿海边一带看不见人影，海中也没有小艇往来。九龙的商民现在要躲避英国方面的大炮了。沦陷区九龙同胞，不知如何过活？

到了晚上，这里成了观战场所。敌方的动静、偷渡时的攻守，在这里看得清清楚楚。十二日以后，九龙方面的汽油库大火，一直没有熄过。

每一个晚上都是敌人可能渡海的时候，香港守军严密地监视着海面，防守着沿岸。海面上出现了一个艇仔，守军就立刻扫起机关枪来；同时，大炮也向海面轰击，使敌人的船只迫于炮火而无法渡海。

战争之夜是惊心动魄的。一闪闪火光不断地在山间出现，而一朵朵火花又不断地落在海的对面。九龙的大火遮满了半边天空，探照灯白色的光芒像一条长蛇那样摇摆着。

防 空 洞

如果香港没有在战前建筑好巩固的防空洞，这一次战争中不知要枉死多少人！

当大炮和炸弹不停地轰击的时候，人们都躲进防空洞了。

因为人实在太多了，里面空气是那样污浊，一阵阵令人作呕的臭味，直向鼻子里钻。但是，就在这样的地方，铺板、布床、椅子、席子，安排得没有一些点隙，人们用手帕把鼻子嘴巴一起蒙住，或者干脆不管一切盖上毡子，整天整夜睡觉。他们有的是八日战争开始那一天就“入洞”的，一个星期，十天，他们都没有回家，吃饭、睡觉，一切生活就都在洞里。

一〇三号洞里的朋友，绝大多数都没有估计到战争这样快到来。香港本来是一个内地到南洋或回上海的必经码头，有许多要回内地以及要到上海去的旅客，他们都被困在这里。他们深深地怪着自己的命运，从老远老远的地方特地来，不巧赶上这场激烈的战争。

还有一批从天津来的旅客，他们原来的目的地是上海。可是英国轮船直驶香港，经过上海并未停留，将他们一直载到了人地生疏的香港。他们连一角钱的港币都没有，又没有亲戚朋友，要他们去找谁呢？

劫后惨景

马路上在行路的人，每一个几乎都是慌慌张张的。一个突然跑步以后，其他人也会跟着跑起来——也不明白是什么缘故。每一个有家的人，尽可能不走出门口，成天躲着；一些有事必须出去的，也尽可能缩短在马路上的时间。

没有地方买菜，粮食更是一个重大的问题。有的地方依旧有水，有的地方则滴水不流，因此，常常要跑到几里外的地方，才能取得水；而一个有水龙头的地方，总是长蛇一样排着许多人。

“排队”似乎已经训练成一个习惯了。战争过程里，买米买柴以及购买一切日用品，什么都要排队，都得依先后挨次序，一个跟着一个，没有人抢先，谁都是耐心地忍受着，至多也不过自己焦急着自己而已。

被弹片击毙的死尸，大多依旧躺在马路上，几天来就这样一直没有人去理会。这个八十万人口的海岛，整天被炮击和轰炸，死去了的人有两万以上。

一些大的店铺都给封了门，门口钉上“大日本军陆军管理”，或者是“大日本军海军管理”的牌子。敌人的布告说明几乎包括所有一切物资都在统制之

日军攻陷香港后，举行入城仪式

列，没有经过“皇军”的允许，一切物品都不能自由搬动或买卖。

沿着平日最热闹的皇后大道走过去，人们排成了一条直线，来去都靠一面走。没有代步的电车和公共汽车。小汽车驶过，里面几乎都是敌人的军官。马路上，常常有八九个一小队敌兵，背着“三八式”跨着八字步巡逻。

赌博是敌人进占香港后最兴隆的事业之一。从最热闹的皇后大道起，一直到偏僻的角落，到处皆是。起先，只不过路过大道上，摆下了摊子，随后慢慢地扩充了。“皇军”到处，别的职业大多遭了难，而这和“皇军”不能分离的赌博，却如雨后春笋那样地勃兴起来。

日本军队在海军船坞附近，正在整理一捆一捆的猎得物，那些都是用麻袋扎起来的，堆满了一大块空地。在麻袋上面，有一个敌兵在结着小小的票签，上面写的是：“神户……”猎得物聚集了以后，卡车就将它带到西环的码头去，放到了大轮船里，这些轮船就一直驶回日本。

差不多二十五日以后的一个时期里，每个日本兵都很忙碌。除了举行“入城式”放假那几天，他们都为着搜刮物资而奔走。敌人和我们打了五年仗，很少占领过物资这样丰富的城市，这一次香港战争，他们可算发了一大笔横财。

胡乱喝醉了酒的日本兵，到夜半就四出寻找女人，他们三两个一起，敲打随便哪一家的门户。没有人会自动起来开门的，于是这一群无耻的强盗，就不管一切死命地敲，门板被打得震天的响，敌兵又在门外异样地怪叫着，这情景的确是可怕。

女人们躲在各处，敌兵的电筒就到处乱射，被他们发现的立刻被拖了出去。这几个晚上，许多女人吓得在三四层楼的屋顶上乱跑。

毫无抵抗力量的市民们，想出了一个消极的防御办法。每一条街，每一幢房子的每一层楼，都预先商定：任何一家碰到敌兵来敲门时，一面装作不理会，一面即刻敲起铜锣或者面盆、洋油箱，以及一切能够发出声音的东西。天翻地覆地闹声，使来找寻女人的敌兵心寒而不敢再来。另外，第一家发出的锣声，也警告了其他的人家，知道万恶的敌兵又来了，女人们应该赶快躲起来。

都想逃出香港

那时候，各方面都在喊着“疏散”“疏散”。香港是没有办法不疏散的。疏散的第一步手续是登记，愿意回籍的，都先到同乡会去办理登记。我曾经跑到江浙同乡会去看了一下登记的情形。那个办公室设在四层楼上，登记者从第四层楼的扶梯口站起，一直挤满了下三层扶梯，然后再伸长到人行道上，到另一条马路。

没有一个人愿意生活在这恐怖闷人的海岛上，谁都在打算走，虽然有许多人对离开香港以后的生活没有把握，但“离开了这魔窟再说”。

我曾经碰到一次敌军宪兵的挨家搜查，那是一月十日我决定离开香港的前一天。东区骆克道近国民戏院一带，两面都站起了敌人的岗哨，一辆满载宪兵的汽车停在马路中，不准一个人离开屋子，马路上也不准有一个行人，于是敌宪兵就挨家敲门。一个挂着刺刀的宪兵跑进我们的屋里来，还带着一个翻译。他问我做什么事，哪里人？又搜查我的房间。可是他没有得到什么，在门口用粉笔写了几个日本字走了。可是放在马路中的汽车上，在开走的时候多了几个穿学生装的青年，他们双手被反绑着。

抗日分子是逮捕不完的。早在香港失守时，中共中央致电港澳办负责人廖承志等，要求全力抢救中国文化界的著名人士脱离险境。根据这一指示，安排了党领导的东江游击队负责护送工作：当时留在香港的有茅盾、邹韬奋等三百多人，他们在东江游击队的掩护下，混在难民中间，经过千难万险，最后到达了东江游击区。

陌生的故乡

——陷区进出记之一

◎ 徐铸成

1943年，日军虽然还占领着大面积中国国土，但颓势已显。在敌后战场，八路军、新四军利用其灵活的游击战技巧与敌人展开缠斗，成为插入敌后的一把尖刀，中国共产党成为敌后游击战的重要力量。本篇通讯记录了当时沦陷区人民的生活，并记录了游击队在敌后的巧妙斗争。

徐铸成，江苏宜兴人，早年供职于《大公报》，受胡政之、张季鸾赏识，后任上海《文汇报》总主笔等职。1957年徐铸成被打成右派，至1979年被起任为中华全国新闻工作者协会理事。著有《报海旧闻》《旧闻杂忆》《新闻丛谈》等。

（1943年我冒暑经历湘、粤、赣、浙、皖、苏山区到达张渚后，由当地朋友的怂恿，得同乡的帮助，化装冒险入沦陷区，像耗子似的，在上海住了半月。然后，得严宝礼兄的协助，带了妻儿及《大公报》同事眷属共二十余人，分途回到张渚，仍循旧路回桂。到张渚后，即陆续写了这一组《陷区进出记》，很引起读者的重视。先在《大公报》桂林版发表，随后由重庆版转载。——作者）

宜兴，这个东南战场的剑尖，是记者的故乡。

多年来在外漂泊流浪，常常患着一种怀乡病，虽然我在故乡的家，早被敌人炸毁了。

离开广德流动桥后，我的心开始跳颤，像一个久经风霜的游子，忽然看到饱经忧患的慈母，不知道该说什么话，从哪里说起。

分水关是苏皖的交界，这一个小小的土坡，就是我的故乡的大门。我踏进这大门后，就听见竹林里隐约传出的乡音，情不自禁从轿子上跳下来，吻着道旁的泥土，轻轻说："我回老家来了！"

我真回家来了么？这就是我的故乡么？到张渚后，我心中的疑团便慢慢扩大起来。这四野的颓垣残壁，这镇上的畸形繁荣，满街的仇货，遍处五色斑斓的标语，以及各色各等战时前线特有的人物与景色，凄沉迷离，一切对我是那么陌生，那么出乎意料，这，这就是我朝夕悬想的故乡吗？

山川依旧

一天清早，一位陌生的青年人来敲我旅舍之门，接谈之下，才知道我的一个小学的同学，在故乡已打了六年游击，听到我回来了，特地派人来邀我去。

他的战斗区域离张渚有××里，水陆兼行，一天可达。于是我便换了一身短装，随着这位青年，滑出了前线的范围。

村庄并不大，但周围的气氛，反比张渚浓厚些；三三两两的青年，在村前村后来回走动，有的挂着手枪或"快慢机"。

在一个破庙里，我会着这位久别的同学，自然，彼此都感觉"陌生"了。

他问我许多后方的情形，我也问了他几年来战斗的经过。他说："朋友，你不要悲观，故乡还是我们的故乡。你抬头看，这悠悠的南山，不还是和当初一样青翠么？岂仅山川如故，所有乡村的妇孺老幼，都还是那么纯洁可爱，敌人绝对没有能够丝毫动摇他们。我能在敌人控制的区域内活动多年，主要就是靠这一点。”

最后，他劝我到沦陷区“后方”去看看，并且答应负责送我进去。他说：“你好容易回来一趟，要不深入虎穴，岂非空劳往返？”

通行证在这里

两天后，我们都稍稍化装一下，在太阳未升起前闯进了沦陷区。

小船在港汊内走了约摸一个钟头，看见河里有几支竹排横着。我的朋友很熟练地把它掀起，船舒展过去后，又轻轻地放下。他指给我看：“这就是封锁线呀！”我回头一看，果然两岸都连着疏疏的竹篱笆，不断地向两旁伸展过去。

走不到半里路，迎面来了一支小艇，船头上站着两个伪军，一个还托着一支枪。我的神经有些震动，看我的朋友，还是神色自若。

船对面擦过时，我的朋友也站了起来，轻轻把腰间一拍说：“我们的通行证在这里。”

那船上的两个家伙，瞪了我们一下，点点头说：“去罢！”

天快亮了

船飘过了白浪滔滔的东氿，沿着一道小溪前行，我抬头西望，看见城墙就在不到半里以外。这个城圈里，就是我的出生之地，我曾在那里度过了十四年的童年生活。我的故宅（现在自然是废墟了）就在里边，我的祖宗坟墓也就在这城的附近。在这个圈子里，我熟悉每一条街，每一条小巷；我闭目一想，可以背出那一条街上的几家铺子，几家亲友，甚至还能数出我的故宅有几层台阶，几棵桂树。抬头看去，这城墙下的小石桥依然横卧着，城上还依稀看见几株小树，这上面，一草一木，都还印着我童时的游踪。但我的船终于毫不留恋的在这小城旁边飘过去了。

我含着泪向她挥手。我祝福还在城里受难的亲友，默默地祝祷他们能熬到天亮!

近午，船靠近一个小镇。记得我在这镇上曾读过一年书，镇上的古老房子，一定还能辨别出我并非陌生的来客。

在一家似曾相识的小酒馆里坐下，叫了几样新鲜的菜。我们刚举起杯，便走来几个乡间的父老，点点头，有一位便急切地问："你们从张渚来的么？武汉克复，冯××受伤，张渚报上登了没有?"

"没有看见，"我的朋友回答，"恐怕不可靠罢!"

"那里，是初四克复的，城里来的人都如此说。"

"我想，假使有这事，里面的报一定会登出，大概还没有攻下。"

"唉，天亮得真慢!"一位老者提着旱烟袋，叹一口长气。

我忍着满怀惭愧感奋，向他们说："老伯伯，不要着急，的确天快亮了，外国朋友已在西边打大胜仗，我们自己也一天比一天强，后方大家的算法，明年总可过太平年了。我们那时好好饮杯酒。"

"但愿如此。我们苦够了，但是一两年还熬得起。"

后来，我问起他们的生活，他们说："好在这里是小镇。鬼子仅仅来过两次，一年来，鬼子比以前少了，附近三十里内好久没见过鬼子。这几年收成还好，但敌伪层层叠叠的捐税，真负担不起。我们每年还要派人到张渚再完一道税，这是我们的心愿，无论如何困难，总要清了的。"

我说："这里有学校么？兄弟们往哪里念书?"

"小学，在××桥有一所，功课看来和战前差不多。要进中学，都送到张渚去。但这样的年头，要不卖田，哪里进得起中学？卖田，又有谁要!"

征服不了的心

在另一个小镇上住了一夜，第二天清早步行了三十多里路，到了和桥，那里是通常州、无锡的交通要口，有汽车通常州，也有轮船通无锡。在镇口上，有伪军伪警在搜查，我的朋友领我从一条小路进入汽车站。所谓“站”，就是一个席棚，放着几条板凳。一个名为“站伕”的病人，见人坐下了，便伸着手要酒钱，一面诉苦说：“没有工钱，要我日夜看守，一碗饭要三块钱，只好请各位可怜可怜帮帮忙。”

汽车原定八时开出，但到了十时还没有影子，有几个人在抱怨。一位高个子的老人说：“等着罢，这年头还说什么，你还以为当年那样按时刻有车来坐吗？要舒服，等明年来。”

另一面，看见篱笆口上在争吵，一个伪警要“检查”一个乡里人，那人对着伪警发作：“你不要看老子穷，我穷还是个人呀！”

我振起精神听，心里在想，这些善良的同胞，他们的心是不会被征服的，他们无条件地信赖政府，无代价的在熬、在忍受。

我们哪天能把他们拯救出来呢！

进了敌人的心脏

朋友轻轻对我说：“过去二十里，漕桥有一个大‘检问所’，检查比较严厉，敌人相当多，我不再送你了。你不要心慌，有‘清乡××证’是不成问题的，你泰然过去，到了常州，大概可以赶上火车。”

我着急说：“我哪里来的××证？”

“不要忙，我早给你预备好了。”说着，他递给我一张纸，上面还贴着我化装的照片。

我笑着说：“你真有鬼。”

在汽车上，我被挤、被抛荡了四小时，下车八次，检查四次，终于穿过了陌生的故乡，平安到了常州，踏进了敌人的心脏。

◇ 原载1943年10月25日重庆《大公报》

日本俘虏访问记

◎ 林语堂

1929年由欧洲各国缔结的日内瓦公约提出，给战俘以人道主义待遇，这标志着国际人道法的普及。抗战期间，国共两党对日本战俘的态度完全符合国际公约精神，都采取了宽容的人道主义政策，与日军对战俘的肆意杀戮、奴役和虐待形成了鲜明对比。本文真实地展示了部分日本俘虏在战俘营中仍然坚持“武士道”精神、冥顽不灵的情景。

林语堂，福建漳州人，著名文学家。林语堂曾任北京大学中文系主任、厦门大学文学院院长，用英文写有《吾国与吾民》《京华风云》等。1943年冬，林语堂从西安返回重庆途中，在宝鸡参观了日本战俘营。1966年定居台湾。

去年冬天，我由西安返重庆的途中，在宝鸡停了一下，因此顺便去参观了宝鸡附近的日本俘虏集中营。

我们在集中营所在的村庄里，遇着了集中营的监督马先生和青年会的援助战俘委员会的瑞典代表彭德兹先生。我们听说有好几所俘虏集中营，分散在各处，马先生准备通知其他的集中营的俘虏到此地集合，我告诉他，我们只要看看附近的集中营的样子就行了。我并不希望所有的俘虏列队站出来，我只想看看今天上午他们如何过日子——正和平日一样。

据说俘虏们有“改变”了的和“未改变”的两种，这两个名称至多只能说出一般的态度。因此那天我们只参观了两所集中营，一所是步兵们住的，另一所是一小群飞行员住的。

步 兵

步兵住的集中营很小，大约容有一百二十人，俘虏们穿着深蓝色的棉衣，我想这棉衣的布料比中国士兵们穿的要好些，成群的俘虏在阳光照耀着的地面上闲荡，有几个俘虏坐在一道狭窄的门槛上在专心缝补着衣服。他们好奇地望着我，他们的态度既不和善也不很敌视，我进一间屋里去，有十几个俘虏正盘着腿坐在铺有席子的大炕上，有几个在玩纸牌，室内的空气并不愉快，我想找人作翻译和几个俘虏谈谈话，但是他们微笑的时候，我感觉到他们宁愿没有人去打扰他们，他们知道别人会问他们一些常有的问题，和引起他们痛苦的话。

第三次长沙会战后被俘虏的日军士兵

有一个能说流利的中文的俘虏，他们发现他在外边的院子里，我在他近旁的一块石头上坐下来，表现得很自然的样子，他很和蔼，中文说得很明白，他说他在国内开了一所小店，他对于他在此地的待遇毫无怨言，他时常说到某一个地方，便停下来笑笑，好像是说“有什么可谈的呢”。当然他想到他的家，但是战争是一个使他莫名其妙而且想不透的而且不愉快的话题，我觉得他和其他的俘虏们一样，有伤了自尊心的感觉和有深切的爱国心，这是自然的。

我遇见三四个女俘虏，她们是日本人或是朝鲜人，我注意到集中营的门口没有卫兵，也没有机关枪，而那六七尺高的泥墙很容易爬过。其实我还看到一些日本人在已倾圮的后围墙边工作着，马先生告诉我，俘虏们没有逃跑的可能，有少数俘虏想逃走，又被捉到而送回来了。这地方深入内地一千多里，逃走的俘虏在一两天之后必须到村庄上去找东西吃，而他们的口音，他们的步态，以及中国的乡村保甲制度，随即可以发现他们而送回集中营里来。

残暴的日本飞行员

会见残暴的日本飞行员是这一次参观中最有趣的事，因为他们的意见特别坦白，我和他们谈得很久，也能多多观看，他们一共有九个人，都是在战事初起的那一年内（一九三七——九三八）被俘的飞行员，他们住在一座土洞里，洞外有一所宽广的院子，马先生告诉我，这些飞行员是“未改变”的俘虏，因此更使我希望能和他们谈谈，我发现他们坐在一条大炕上的席子上，炕成直角形，我看到角落里有一些相片和一个木制的日本天皇的神座，这显然是俘虏们自己做的，我坐在土炕的边上，我们的许多同伴便拥挤在门内和门边这狭小的地方静听着。

马先生用日语告诉俘虏们说我刚从美国来的，他说日语说得很好，但是还有一个好像更会说日语的中文翻译和他在一道，我自己对于日文，却一个字也不懂。

我不明白我自己进去干什么，我觉得我好像在黑龙会开会时参加旁听，日本飞行员不仅是坦白，而且极想说话，有时候他们几个人同时回答我的时题，由日本人的观点说来，他们的“士气”仍旧很高，他们残暴，聪明，狂热而不悔过，他们解释他们的战争哲学，他们没有投降，不过是被击落下来而被俘，这五六年的囚禁并没有改变他们的观念或他们的志气，他们大多数是年轻的，年纪最大的一个看来大约三十岁，有些人在十五六岁的时候便受过训练，灌输以日本陆军的观念、作战的政策和必须为日本的国运而斗争的思想，他们都能够像受过大学教育的人们一样谈论他们的观念，一些年纪比较轻的俘虏们未免太兴奋了一点。

有一个年纪较大的俘虏，他能从头到尾地讨论日本的民族主义的每一个问题，他盘着腿，正襟危坐，只要挂上一把刀，看去就像一个日本武士了，但是坐在窗子旁边的另一个年老的俘虏使我大为惊骇，他不多讲话，木然地坐着，他眼中的坚忍和他心中的狡诈，似乎使我立刻明白了日本的黩武主义，他好像是俘虏们的思想专家，时常校正或改正其他的俘虏们的回答，而且他有那种特别防备的和坚决的日本人的表情，好像是说，“全世界都是我们的敌人”。

我望着墙上的写有中文的神座，我问他们对于天皇的感想，这个问题不很明白，他们互相用日语谈了一会，然后窗子旁边那个瘦瘦的思想专家回答道：“在这异乎寻常的情况之下，我们不应当讨论这个问题，如果我们想到这个问题，我们便应当切腹自杀。”我低声地吹吹口哨，我明白我所发现的事情了。

天皇是神吗？

“但是你相信他是神吗？”我跟着问，我已听见过这种说法，但是我希望有人当面告诉我，他相信天皇是神。

那个能言善辩的俘虏答道：“他是神同时也是人，他既然是一个人，我们便认为他是我们最亲爱的父亲。”

这弄得我莫名其妙了，虽然听听一个受过现代教育的人说这样的话也很可笑，我不愿意深问他们这个敏感的问题了。

“你认为天皇就是国家，而且没有天皇，日本帝国就不能存在吗？”

许多人争着回答。

“当然是的。”有一个俘虏说。

“我们的天皇是日本国运和世界命运的象征。”另一个说。

“我们是天皇的代表。”

“他是我们国家的象征，一个国家没有为首的人便不能存在，你们的孔夫子也说过的。”

“不要谈孔夫子了，你们和中国人接触了这几年以后，你们改变了你们对中国人的观念没有？我想——我知道——你们学校里的先生们告诉过你们一些关于中国人的坏事情。”

另一个一直没有作声的俘虏说话了：“不，没有那回事。”（我知道确有其事的，他不过是想表示有礼貌，我也不和他争论）“学校里告诉我们，美国是我们真正的敌人。”“你当然听到过珍珠港事变，你知道战争对你们不利了，你们突袭美国是失败的。难道你们不明了美国的生产能力超过你们，而你们担任了一件不能胜任的大工作吗？”我坦然笑着说，轻描淡写地谈出一些极有力的意见。

“我们知道美国是一个强国，我们知道。但是美国是我们在太平洋上唯一的敌人和对手，我们必须打败美国，为了这个目的，我们运用我们所有的物质上和精神上的资源来作战，战争是不可避免的，这是有关两国的国运的战争。”

语调中毫无后悔的意思，我没有想到会这么坦白地表示意见。

“那么在你们的陆军学校里，教你们认为日本和美国的战争是不可避免的吗？”

“并不是教我们这么想，日美战争是不可避免的，我们知道会有战争而且准备作战，强有力的国家必须作战否则便灭亡。”

这谈话渐渐使我极感兴趣，他们好像并不厌烦，他们谈话好像是想改变我的意见，有些俘虏可能读过我所写的而译成了日文的书籍。

我问道："你们是不是认为天皇对于作战的政策并没有罪过，而是你们的军阀将你们引入战争之内的呢？"我用了一句中文的成语，"挟天子以令诸侯"，意思是说军阀们利用皇帝作工具，以建立他们自己的实力，达到自己的目的，那位翻译员加以解释，他们都懂了。

军阀是什么？

"你所谓军阀是什么意思？"他们突然问道，这一下要我来答话了。

"我所谓军阀是指代替人民统治国家而且决定国家政策的军人阶级。军阀们，"我解释道，"是有军人头脑的军人；他们不能想到外交关系，除非是战争和征服，有了这种军人思想统治着任何一个国家的政策，其结果必是战争——和德国一样，你们的国家是这样被统治的，你们的国策是由军人统治阶级来决定的，这便是我所说的日本军阀的意思。"

我只听到轻敲声和嘶嘶声，如果用言语来表示，就是说："他们不是军阀，他们是日本的忠实的仆人。"

我想以友好的态度作一点宣传工作，我说："战争的结局必定是同盟国胜利而日本失败，在美国有两派不同的意见，一派认为我们应当推翻日本天皇，另一派认为我们应当保留他，但是同盟国的人民，一致同意必须摧毁德国和日本的军阀制度。"

"我们不懂，日本并没有军阀。"

谈话似乎成了僵局，他们在互相谈他们的事。

"我是说那些好战而且相信战争是实行国策的工具的人们，你们都希望世界上能过和平的生活，不是吗？如果人们信赖战争，如何能有和平呢？"

这几句话引起那个在笑着的激昂的青年俘虏的一篇高谈阔论来了，因此我明了彼此之间的隔阂太大，任何辩论都没有用处的。

“世界和平？”他确切地暗笑着说。

“你看那些动物，甚至飞虫和蚂蚁也打仗的，只要地球上有人类存在，世界上便常常有战争，全世界的人都死光了的时候，嗯，那么才会有世界的和平。”

我有点目瞪口呆了，谈话告一结束，我已明了许多事情了。

在离开村庄以前，我到彭德兹的住所去了一趟，他说在起初他必须克服许多对于他的动机的疑虑，而当他第一次和那些“武士”俘虏们同进早餐的时候，他极受欢迎，有一个日本飞行员说他和他的同伴们是日本天皇的代表，如果彭德兹先生承认这事实，他们才能和他打交道，据彭德兹先生说俘虏中有二十个军官，二十个飞行员和三四十个大学毕业生，这些人我都没有看到，俘虏们分成两部分，军官们与忠实的武士代表和普通的士兵们，他们彼此之间好像没有什么关系，马先生不得不将这两类俘虏分开来住，大学毕业生原先和军官们住在一起，但是后来他们要求迁移到兵士集中营去，他们在兵士集中营里更感觉适意些。彭德兹先生是几个月以前到此地来的，得到马先生的合作，刚开始设立各种教育委员会和福利委员会，由俘虏们自己来主持，他说马先生做了很了不起的工作，而且完成了有永久价值的事业，他引述来参观过这集中营的友谊野战卫生队的麦克卡路尔博士所说的话：“这所集中营完全够得上我在几个月以前参观的加拿大的集中营的标准。我很自豪而且感觉快乐的发现中国对俘虏的待遇已实行了西方各国的人道主义的传统。”

◇ 原载《亚美杂志》1944年11月号

落日：记日本签字投降的一幕

◎ 朱启平

1945年8月15日，日本宣布无条件投降，中国人民的抗日战争获得了彻底的胜利。本文重现了当年中、英、法代表在东京湾美国军舰“密苏里”号上接受日本政府投降的过程，让后人永远铭记这历史性的一刻。

朱启平，祖籍浙江海盐，生于上海，毕业于燕京大学新闻系。抗战初期，他先后在《新蜀报》《国民公报》《大公报》工作，报道过滇缅路通车概况。至太平洋战争爆发，朱启平出任《大公报》驻美军太平洋舰队的随军记者，到过印度、澳洲、南太平洋诸岛，在“密苏里”号战舰上见证了日本投降仪式，并写下本文。朱启平曾说，“作为记者，一笔在手，胸中要有亿万人民。万不得已时，可以不写，不能打诳。到战场采访，工作第一，生命第二”。

一九四五年九月二日上午九时十分，我在日本东京湾内美国超级战舰“密苏里”号上，离开日本签降代表两三丈的地方，目睹他们代表日本签字，向联合国投降。

这签字，洗净了中华民族七十年来的奇耻大辱。这一幕，简单、庄严、肃穆，永志不忘。

天刚破晓，大家便开始准备。我是在七点多钟随同记者团从另一艘军舰乘

“密苏里”日本投降签字仪式（大公报记者黎秀石摄于1945年9月2日）

小艇登上“密苏里”号的。“密苏里”号舰的主甲板有两三个足球场大，但这时也显得小了，走动不开。到处都是密密簇簇排列着身穿卡叽制服、持枪肃立的陆战队士兵，军衣洁白、折痕犹在、满脸笑容的水兵，往来互相招呼的军官以及两百多名各国记者。灰色的舰身油漆一新，十六英寸口径的大炮，斜指天空。这天天阴，灰云四罩，海风轻拂。海面上舰船如林，飘扬着美国国旗。舱面上人影密集，都在向“密苏里”号舰注视着。小艇往来疾驶如奔马，艇后白浪如练，摩托声如猛兽怒吼，几乎都是载着各国官兵来“密苏里”号舰参加典礼的。陆地看不清楚，躺在远远的早雾中。

签字场所

签字的地方在战舰右侧将领指挥室外的上层甲板上。签字用的桌子，原来准备向英舰“乔治五世”号借一张古色古香的木案，因为太小，临时换用本舰士官室一张吃饭用的长方桌子，上面铺着绿呢台布。桌子横放在甲板中心偏右下角，每边放一把椅子，桌旁设有四五个扩音器，播音时可直通美国。将领指挥室外门的玻璃柜内，如同装饰着织锦画一般，装着一面有着十三花条、三十一颗星、长六十五英寸、阔六十二英寸的陈旧的美国国旗。这面旗还是九十二年前，首次来日通商的美将佩里携至日本，在日本上空飘扬过。现在，旗的位置正下视签字桌。桌子靠里的一面是联合国签字代表团站立的地方，靠外的留给日本代表排列。桌前左方将排列美国五十位高级海军将领，右方排列五十位高级陆军将领。桌后架起一个小平台，给拍电影和拍照片的摄影记者们专用。其余四周都是记者们的天下，大炮的炮座上、将领指挥室的上面和各枪炮的底座上，都被记者们占住了。我站在一座在二十厘米口径的机关枪上临时搭起的木台上，离开签字桌两三丈远。在主甲板的右前方、紧靠舷梯出入口的地方，排列着水兵乐队和陆战队荣誉仪仗队，口上又排列着一小队精神饱满、体格强壮的水兵。

白马故事

八点多钟，记者们都依照预先规定的位置站好了。海尔赛将军是美国第三舰队的指挥官，“密苏里”号是他的旗舰，因此从来客的立场讲，他是主人。这时他正笑吟吟地站在出入口，和登舰的高级将领们一个个握手寒暄。之后，美国太平洋舰队总司令尼米兹将军到了，海尔赛将军陪着这位上司步入将领指挥室，舰上升起尼米兹的五星将旗。海尔赛以前曾在向记者的一次谈话中说过这样一件事：他看中了日本天皇阅兵时骑的那匹白马。他说，想等击败日本之后，骑上这匹名驹，参加美军在东京街头游行的行列。他还说，已经有人在美国国内定制了一副白银马鞍，准备到那时赠他使用。一个中士也从千里外写信给他，送他一副马刺，并且希望自己能在那时扶他上马。我还想起，第三舰队在扫荡日本沿海时，突然风传“密苏里”号上正在盖马厩。现在，马厩没有盖，银驹未渡海，但日本代表却登舰签字投降来了。

乐队不断奏乐，将领们不断到来。文字记者眼耳倾注四方，手不停地做笔记。摄影记者更是千姿百态，或立或跪，相机对准各处镜头，抢拍下这最有意义的时刻。这时候，大家都羡慕四五个苏联摄影记者，其中两个身穿红军制服，仗着不懂英语，在舰上到处跑，任意照相。可是我们这些记者因为事先有令，只能站在原定地点，听候英语命令，无法随意挪动。这时，上层甲板上的人渐渐多了，都是美国高级将领，他们满脸欢笑，说说笑笑。我还从来没有见过在这样一块小地方聚集这么多的高级军官。

代表到来

八点半，乐声大起，一位军官宣布，联合国签字代表团到。他们是乘驱逐舰从横滨动身来的。顷刻间，从主甲板大炮后走出一列衣着殊异的人。第一个是中国代表徐永昌将军，他穿着一身洁净的哔叽军服，左胸上两行勋绶，向在场迎接的美国军官举手还礼后，拾级登梯走至上层甲板上。随后，英国、苏联、澳洲、加拿大、法国、荷兰、新西兰的代表也陆续上来了。这时，记者大忙，上层甲板上成了一个热闹的外交应酬场所。一时间，中国话、英国话、发音语调略有不同的美国英语以及法国话、荷兰话、俄国话，起伏交流，笑声不绝。身移影动时，只见中国代表身穿深灰黄军服；英国代表穿全身白色的短袖、短裤制服，并穿着长袜；苏联代表中的陆军身穿淡绿棕色制服，裤管上还镶着长长的红条，海军则穿海蓝色制服；法国代表本来穿着雨衣，携一根手杖，这时也卸衣去杖，露出一身淡黄卡叽制服；澳洲代表的军帽上还围有红边……真是五光十色，目不暇接。

八时五十分，乐声又响彻上空，盟军最高统帅麦克阿瑟将军到。他也是坐驱逐舰从横滨来的，尼米兹在舰面上迎接他，陪他进入位于上层甲板的将领指挥室休息。舰上升起他的五星将旗，和尼米兹的将旗并列。军舰的主桅杆上，这时飘起一面美国国旗。

上层甲板上热闹的外交场面渐渐结束了。联合国代表团在签字桌靠里的一面列队静立。以徐永昌将军为首的五十位海军将领和五十位陆军将领，也分别排列在预先安排好的位置上。这时有人说，日本代表团将到。我急急翘首望去，只见一艘小艇正向军舰右舷铁梯驶来。不久，一位美国军官领先，日本人随后，陆续从出入口来到主甲板。入口处那一小队水兵向美国军官敬礼后，即放下手立正。乐队寂然。日本代表团外相重光葵在前，臂上挂着手杖，一条真腿一条假腿，走起路来一跷一拐，登梯时有人扶他。他头上戴着大礼帽，身穿大礼服，登上上层甲板就把帽子除下了。梅津美治郎随后，一身军服，重步而行，他们一共十一个人，到上层甲板后，即在签字桌向外的一面，面对桌子列成三行，和联合国代表团隔桌而立。这时，全舰静悄悄一无声息，只有高悬的旗帜传来被海风吹拂的微微的猎猎声。重光一腿失于淞沪战后，一次在上海虹口阅兵时，被一位朝鲜志士尹奉吉投掷一枚炸弹炸断。梅津是前天津日本驻屯军司令，著名的《何梅协定》日方签订人。他们都是中国人民的熟人，当年在我们的国土上不可一世，曾几何时，现在在这里重逢了。

仪式开始

九时整，麦克阿瑟和尼米兹、海尔赛走出将领指挥室。麦克阿瑟走到扩音机前，尼米兹则站到徐永昌将军的右面，立于第一名代表的位置。海尔赛列入海军将领组，站在首位。麦克阿瑟执讲稿在手，极清晰、极庄严、一个字一个字对着扩音机宣读。日本代表团肃立静听。麦克阿瑟读到最后，昂首向日本代表团说：“我现在命令日本皇帝和日本政府的代表，日本帝国大本营的代表，在投降书上指定的地方签字。”他说完后，一个日本人走到桌前，审视那两份像大书夹一样白纸黑字的投降书，证明无误，然后又折回入队。重光葵挣扎上前行近签字桌，除帽放在桌上，斜身入椅，倚杖椅边，除手套，执投降书看了约一分钟，才从衣袋里取出一支自来水笔，在两份投降书上分别签了字。梅津美治郎随即也签了字。他签字时没有入座，右手除手套，立着欠身执笔签字。这时是九时十分，军舰上传来一声轻快的笑声，原来是几个毛头小伙子水兵，其中一个正伸臂点着下面的梅津在又说又笑。但是，在全舰庄严肃穆的气氛下，他们很快也不出声了。

日本代表在投降书上签字

麦克阿瑟继续宣布：“盟国最高统帅现在代表和日本作战各国签字。”接着回身邀请魏锐德将军和潘西藩将军陪同签字。魏是菲律宾失守前最后抗拒日军的美军将领，潘是新加坡沦陷时英军的指挥官。两人步出行列，向麦克阿瑟敬礼后立在他身后。麦克阿瑟坐在椅子上，掏出笔签字。才写一点，便转身把笔送给魏锐德。魏锐德掏出第二支笔给他，写了一点又送给潘西藩。他一共用了六支笔签字。签完字后，回到扩音器前说：“美利坚合众国代表现在签字。”这时，尼米兹步出行列，他请海尔赛将军和西门将军陪同签字。这两人是他的左右手。海、西两人出列后，尼米兹入座签字，签完字，就各归原位。麦克阿瑟接着又宣布：“中华民国代表现在签字。”徐永昌步至桌前，由王之陪同签字。这时我转眼看看日本代表，他们像木头人一样站立在那里。之后，英、苏、澳、加、法、荷等国代表在麦克阿瑟宣布到自己时，先后出列向麦克阿瑟敬礼后，请人陪同签字。陪同的人澳洲最多，有四个，荷兰、新西兰最少，各一人。各国代表在签字时的态度以美国最安闲，中国最严肃，英国最欢愉，苏联

中国代表、国民政府军令部部长徐永昌在日本投降书上签字

最威武。荷兰代表在签字前，曾和麦克阿瑟商量过。全体签字毕，麦克阿瑟和各国首席代表离场，退入将领指挥室，看表是九点十八分。我猛然一震，“九一八”！一九三一年九月十八日日寇制造沈阳事件，随即侵占东北；一九三三年又强迫我们和伪满通车，从关外开往北平的列车，到站时间也正好是九点十八分。现在十四年过去了，没有想到日本侵略者竟然又在这个时刻，在东京湾签字投降了，天网恢恢，天理昭彰，其此之谓欤！

投降书脏了

按预定程序，日本代表应该随即取了他们那一份投降书（另一份由盟国保存）离场，但是他们还是站在那里。麦克阿瑟的参谋长苏赛兰将军本来是负责把那份投降书交给日方的，这时他却站在签字桌旁，板着脸和日本人说话，似乎在商量什么。大家都不知道出了什么事，记者们议论纷纷。后来看见苏赛兰在投降书上拿笔写了半晌，日本人才点头把那份投降书取去。事后得知，原来是加拿大代表在日本那份投降书上签字时签低了一格，占了法国签字的位置，法国代表顺着签错了地方，随后的各国代表跟着也都签错了，荷兰代表首先发现这错误，所以才和麦克阿瑟商量。苏赛兰后来用笔依着规定的签字地方予以更正，旁边附上自己的签字作为证明。倒霉的日本人，连份投降书也不是干干净净的。

日本代表团顺着来路下舰，上小艇离去。在他们还没有离舰时，十一架超级堡垒排列成整齐的队形，飞到“密苏里”号上空，随着又是几批超级堡垒飞过。隆隆机声中，我正在数架数时，只见后面黑影簇簇，蔽空而来，那都是从航空母舰上起飞的飞机，一批接一批，密密麻麻，不知有多少架，顷刻间都到了上空，然后向东京方向飞去。大战中空军将士厥功甚伟，理应有此荣誉，以这样浩浩荡荡的阵势，参加敌人的投降典礼。

我听见临近甲板上一个不到二十岁满脸孩子气的水手，郑重其事地对他的同伴说：“今天这一幕，我将来可以讲给孙子孙女听。”

这水兵的话是对的，我们将来也要讲给子孙听，代代相传。可是，我们别忘了百万将士流血成仁，千万民众流血牺牲，胜利虽最后到来，代价却十分重大。我们的国势犹弱，问题犹多，需要真正的民主团结，才能保持和发扬这个胜利成果。否则，我们将无面目对子孙后辈讲述这一段光荣历史了。

旧耻已湔雪，中国应新生。

一九四五年九月三日写于横须贺港中军舰上

◇ 原载1945年11月2日上海《大公报》

附录

悼念抗战初期牺牲的小方

◎陆 诒

本文的“小方”指方大曾，他作为战地记者，留下了关于卢沟桥事变和抗战前线的大批新闻照片，以及大量报道文字，对伟大的抗战作了忠实的纪录。方大曾在河北战场失踪时，年仅25岁。

纪念小方的文章，应由范长江、孟秋江同志来写，比较全面。因为他们早在一九三六年绥远抗战时，已经在前线相识了。但不幸他们两人都在“文化大革命”中被迫害致死，这一道义上的责任就落在我的肩上。

小方原名方德曾，又名方大曾，一九一二年出生于北京。“小方”是他当记者发表作品时使用的笔名。他从小爱好摄影艺术，一九二九年八月，当他还在北平市立第一中学念书时，就在北平第二〇一期《世界画报》上发表《少年影社征求社员宣言》，发起组织少年摄影团体。

一九三一年九一八事变后，小方考入北平中法大学经济系读书。这时日本帝国主义的步步侵略促使他投身到抗日救亡运动中去，经受实际斗争的锻炼。一九三二年，他曾任北平少先队的机关刊物《少年先锋》周刊编辑。这个秘密刊物当时仅有他和方殷同志负责，从写稿、编辑、校对，一直到印刷、发行，都由他们两人承担。据后来任《全民通讯社》记者方殷同志和我谈起，当时北平在白色恐怖之下，他与小方每次到印刷厂发排付印时，总要先看看前后左右有没有特务盯梢，到了出版发行的时候，又要分头奔走到各个书摊上去努力推

某地救护伤员，方大曾摄

销。由于经费困难，这个刊物出不了几期就停刊了。

一九三五年他从大学毕业后，先应聘到北平基督教青年会当干事，以后又转到天津青年会工作，一面仍致力于当地抗日救亡工作。当天津中共地下党员组织“中外新闻社”时，即聘任小方为该社摄影记者。从一九三六年到一九三七年，那是他采访报道与摄影创作最旺盛的时期。他曾任上海《生活星期刊》《世界知识》和《大公报》的特约记者，在平津一带活动，继至河北、山西、察哈尔、绥远等地奔波采访，是一位抗日救亡运动中活跃的青年记者。他所写的通讯报道与拍摄的照片，都在国内各著名报刊上发表。如韬奋同志于一九三六年六月在香港主编的《生活日报》，曾刊载他所写的《张垣一瞥》《从张垣到大同》《晋北煤业现状》等通讯（见该报二十、二十一、二十二期）。上海《申报》每周增刊登载他所写的《绥远的鸦片问题》《冀东视察记》《集宁见闻起》《四子王府见闻记》等通讯（见该刊一卷四十、四十一期和二卷一期、十八期)。这些通讯报道都写得文笔流畅、观察深刻，又配以形象生动的新闻照片，深受读者欢迎。

我和小方相识，时在抗战初的一九三七年七月二十八日，我们从保定去长辛店前线采访。范长江特赴车站送别，并为我们作郑重介绍。当时小方已任上海《大公报》特约记者，年少、英俊，头上戴一顶白色的帆布帽，身穿白衬衫和黄短裤，足登跑鞋，挎一架照相机，显得精力充沛，朝气蓬勃。我们搭平汉路上的兵车到长辛店后，即直奔三十七师戴旅旅部访问，戴旅长已到前沿阵地指挥去了。走回长辛店的路上，小方为一个年仅十六岁的士兵照相，他身上背着自己的步枪和大刀，手执日本军官的指挥刀、望远镜之类的战利品，笑嘻嘻地凯旋。这时，一颗炮弹正在附近爆炸，小方不屑一顾地对我说："今天收获不小！"当晚，宛平县政府秘书长洪大中接待我们住在长辛店县政府办事处，前线枪炮声彻夜不息。

二十九日上午，我们随军撤退。三十日早上回到保定，长江为我们庆幸生还。当天下午，保定又遭敌机狂炸，孙连仲部队陆续开赴前线，接替二十九军防线。长江和我当晚即搭车回南方，留小方在保定，继续采访平汉路北段战讯。

九月十七日、二十五日、三十日上海《大公报》上，还连续刊载小方寄来的最后三篇通讯：《从娘子关出雁门关》《血战居庸关》《平汉北段的变化》，从此即音讯中断。四年之后，长江在一篇《未成功的杰作》文章中满怀深情地提到小方："……我们一位很有希望的同事方大曾（小方）先生特为此自石家庄赶往保定，欲追随卫立煌部队，为报纸写'永定河上的游击战争'。因为在当时我们的预料中，在永定河上游，内长城青白口一带，如果双方进行大战，是非常雄伟的场面。万分不幸的是卫之远征落了空，而方先生亦因此失去踪迹，至今四年有余，仍然下落不明！"

新中国成立以后，在北京多次见到小方的妹妹方澄敏同志，证实我所敬爱的小方同志已英勇牺牲在抗日前线。值此抗战爆发五十五周年纪念日来临之际，悼念这位革命的摄影记者。

一个中国记者在二次欧战中的足迹

◎萧 乾

萧乾，北京人，著名作家。从燕京大学毕业后，曾在《大公报》任职，1939年远赴英国，成为一名战地记者。翻译有《好兵帅克》《尤利西斯》等名著。

一九三九年八月，正当日军入侵湘北、深圳失守、花县告急之际，在欧洲，希特勒这个恶魔鲸吞下了捷克之后，又扑向波兰。间歇了二十五年之后，二次欧战已处于一触即发之势。看来又一场大规模流血已是无可避免的了。这时，许多旅客挤在九龙法国邮船公司门前要求退票，我却买到一张经马赛、巴黎去伦敦的通票。上船之后才发现偌大一条豪华邮轮，头等舱空空荡荡，三等舱也只有我们几个东方人：除我之外还有些新加坡和印度的旅客。唯一高鼻梁蓝眼珠的原来是个上海白俄舞女的私生子。他听说法国在召募雇佣军，想投奔去混个国籍。

果然，开船第二天，就从播音器里听到英法相继对纳粹德国宣战的消息。于是，船上马上宣布晚间甲板上连烟也不许点，每天早晨都得做邮轮万一遭敌鱼雷击中时逃难的演习。马赛、巴黎，到处灯火都在管制，整个西欧是一片漆黑。

英国这个岛国要靠船队穿过卐字鱼雷阵来供养它的居民，此时移民局奉令拒收非英籍旅客登岸是可以理解的。怎奈我持有伦敦大学东方学院的聘书，又

身为战地记者的萧乾

有香港《大公报》特派员的记者证。官员不甘心地在我的护照上批了“准许停留两个月”，而我这一“留”却住了整整七年。

坐在开往伦敦的火车车厢里，摸着黑同邻座的女乘客攀谈起来。原来是嫁给英国人的一个希腊妇女，她这是刚从娘家归来。她一再问我：这仗得打到哪年啊？我告诉她我刚从中国来，我家里已经打了两年仗。如今仍在激战着。侵略者要奴役，我们不让，所以就只好打。

一九三九年冬天我经历的真是一场“莫名其妙的战争”。除了灯火管制和食物配给使人意识到是在战时之外，整个西欧没一点点硝烟味儿。圣诞节我从剑桥去伦敦观光，街上一片漆黑，游艺厅内可还是载歌载舞。

一九四〇年一开春，掌握着主动权的纳粹精锐部队就开始了他们蓄谋已久的闪电战，不多日就横扫半壁欧洲。五月下旬，盟军丢盔弃甲，狼狈撤到敦刻尔克海岸。浩浩荡荡的英法联军竟打得剩不到四十万人。直到六月上旬才陆续乘二百四十三艘大小船只逃回英伦三岛。我当时所在的剑桥正好临近东海岸。

一天大早，市中心广场和人行道上净是满身污泥的败兵残将。我跟剑桥市民一道，也提了热水瓶前往慰问，一边往他们举着的缸子里倒水，一边向勇士们表示敬意。

伦敦大学是为了逃避战祸才疏散到剑桥的。可不料就在伦敦大轰炸的一个月前，大学当局竟决定迁回京城了。这么一来，那场号称“不列颠之战”的大轰炸我也赶上了。那确实是二战的一大关键。正如后来在斯大林格勒和莫斯科的血战一样，倘若伦敦——当时反纳粹战事唯一的堡垒，没能顶住，这场反法西斯战争也就没戏了。然而那座包括大陆难民在内住了上千万人的都市，经历了一个又一个地狱般的夜晚，成百上千的卐字轰炸机轮番不知丢下多少吨炸药。那阵子我如果不是夜夜睡在地铁站台上，也早已粉身碎骨了——我在汉普斯特德的住所两次中弹，还曾挨过一颗烧夷弹，可我算命硬。每天早晨我都踩着瓦砾去东伦敦踏访，然后向重庆的《大公报》的读者报告英国公民在战时的

1941年1月，被德军轰炸后的伦敦

良好纪律及饱满的士气。他们在没有了屋顶的家里还向我伸出象征着胜利信念的大拇指。

我在英国的那些年头是英国在物质上最匮乏的日子（一个月吃不上几片肉），然而精神（士气）上，那也是他们最伟大的时刻。

苦难中的英国人民对中国人民的抗战仍是关切的。那时我经常应援华会之邀，赴全英各地宣讲中国人民英勇抗敌，他们显然从中也得到鼓舞。但是一九四〇年七月，丘吉尔为了保全英帝国在远东的属地而绥靖日本，悍然不顾道义封锁了我们用血肉筑成的滇缅路，切断抗战中仅剩的对外孔道，等于掐断了我们的喉咙。英国人民为了表示义愤，纷纷上街游行示威。

一九四二年到一九四四年我去剑桥读书的那两年，战事转向苏联和中东、北非。中部工业城（如伯明翰）虽然不时也仍遭敌机轰炸，但纳粹主力已转到东方去了。那阵子我成天披着黑袍，坐在我那间十四世纪的书斋里，钻研起世纪初的西方意识流小说。

诺曼底登陆前夕，《大公报》的胡政之先生一天踱进我在王家学院的书房，向我挑战了。他说，第一次欧战给我赶上了，这回该轮到你了。你肯不肯——敢不敢脱下你这身道袍，换上军装，放弃那个回国后一点用也没有的学位，代表报社到欧洲战场上去驰骋？

我接受了他的挑战，并且马上去英国新闻部办了由兼职的驻英特派员改为正式的战地记者的专职。我把黑道袍往箱笼里一塞，就搬到伦敦，在报社林立的舰队街开了办事处，物色了几位当地的助手：有管电报的，还有管招徕广告的。当时英国厂商绝没料到大战之后中国还要接着打内战，都在抢战后的中国市场，所以广告户络绎不绝，以致我这家《大公报》伦敦办事处不但能挣出开销，自给自足，后来还给报社买了彩印机和汽车。

联军新闻部派我随正在由法国东部准备攻入莱茵的美军第七军（军长派赤）行动。在巴黎，我还和也是一身戎装的老师斯诺欢聚了半日，然后就动身去追赶前进中的部队了。那时，再没有比“联军记者证”更灵的东西了。一路不但交通免费，沿途凭证食住也全没问题。这当儿，纳粹军队已成丧家之犬，一路不见败军的踪影。我追到南锡，那里的兵站告诉我第七军刚开过。再往东的铁路就炸断了，要我沿公路去搭乘军用卡车。反正地面上的纳粹部队早成了强弩之末，夹着尾巴后撤，到处是炸毁的坦克残骸，有的还在冒着烟儿。法国东北部一片晴空，万里无云，也不见卐字敌机。一列卡车从后面开来。我侧过身去挑了挑大拇指，卡车见我身穿军服，肩上是“中国记者”的肩章，就立刻停了下来。车上载的全是一箱箱炸桥用的黄色炸药，开车的都是黑哥儿们。我就坐在TNT木箱上一路赶到凯撒劳吞，总算找到了第七军的记者团。我们驻扎在德国铅笔大王法布尔（FABER）的宅邸。主人自然早已逃得不见踪影。拉开抽屉，连假牙他都没顾得戴，可见临走时多么狼狈慌张。

现在真难设想我年轻时的精力。进驻之后马上用电报同刚刚在舰队街开办的《大公报》办事处联系上，然后就发出第一通“本报记者来自前线电讯”。照我预先安排的，伦敦收到我的电文后，马上就转发重庆。这封电报很长，我是分两截打的。不幸我在伦敦的助手只顾抢时间，竟把前后两截电报次序颠倒了。后来知道，尽管文不接气，《大公报》居然有记者从德国前线发回电报了，就还是照登并引起了轰动。

我原以为到了前线，我凭“战地记者”身份就能在工事里东钻西钻，也沾上点现代战争的征尘呢。其实，联军记者团离前方还有一段距离。只听得一声声炮响，却不见炮身。莱茵美酒却喝个够——只是原主人失陪了。在那里，行动并不自由。新闻发布官除了每天几次报告前方军情，其他时候他就陪我们喝酒聊天，也许还变相监视我们的活动。自然，像美联社、路透社那样的大通讯社，必然各有特殊的渠道线索，我这来自东方黄脸皮的单干户与其说是采访，不如说是来体验一下战场的气氛罢了。不但白刃肉搏的场面不会见到，就连战壕也无法涉足。

一九四五年二月，正当第七军准备展开莱茵大桥争夺战然后向柏林挺进之际，伦敦办事处忽然来电，说重庆《大公报》要我火速赶回伦敦。我感到愕然，但只好告别前方，绕道比利时奔回伦敦。原来重庆报馆要我驰往美国去采访旧金山联合国成立大会，而且《大公报》社长胡霖也将参加以宋子文为团长的中国代表团。当时已有《大公报》常驻美国记者杨刚，调我去估计是为了陪陪胡老板。

首先自然是先赶办护照。在美国驻伦敦的领事馆里，我那是生平头一回打手印：不是仅仅按按大拇指，而是在整个手掌上都涂满油色，留下全巴掌的印记。当时非美籍的记者（如流亡伦敦的法国及波兰记者）也都照办。记者团共二十余人，其中包括英共的《工人日报》和法共的《人道报》。通知要我们先赴伦敦一个专通往海口的秘密车站。火车天明抵达苏格兰西岸港口哥拉斯戈。平时横渡大西洋航程只需六七天，可我们足足走了十一天，那是个庞大的护航舰队——听说共五十八艘。前头有指挥全局的旗舰，两侧有军舰护卫。当时德陆空军虽已打得精疲力竭，海军却仍很猖獗，鱼雷艇四下出没。所以上船后白天要演习逃生，晚上只准和衣而眠。另外还有个不少同行难以忍受的禁令：不许喝酒。唯一的例外是四月十二日那晚，适逢同行的一位记者四十整寿。于是，就由舰上做东，并且让我们“敞开喝”。战时由于死亡常在身边打转，何况又漂在大西洋中心，随时可能喂鲨鱼。大家就边喝边醉醺醺地唱起酒徒歌曲。尽管都是男性，还有人挽腰翩翩起舞。

真正是乐极生悲！而且并非遇上了鱼雷艇。大家正在兴头上，舰长垂头丧气地踱进舱来，击了一掌，然后用低哑的声音宣布：“先生们，刚才听到广播播出一个不幸的消息：罗斯福总统去世了。”大家听了也都黯然散开。酒会就这么结束了。

我们是在加拿大东岸哈利法克斯港登的陆，而且自开战以来，第一次吃到真正的牛排，印象中似乎有砖头那么厚实，而且细嫩滋润。在多伦多，我去参观了一位加拿大神父建立的中国乐器博物馆，至今仍记得挂在壁上的那把马头琴，说明书上写着鼓面是分别用男女人皮制作的。

那是我生平第一回踏上新大陆，心下充满了好奇。在芝加哥科学博物馆，我曾钻进一只潜水艇；在丹佛，瞻仰了多妻教摩门圣堂。两天后，抵达目的地旧金山，并且见到老板胡霖。

除了轴心国家之外，世界一百多个国家都派出记者并且集中住在斯奎利伯旅馆，中、苏及英国代表团则住在马可·哈帕金斯旅馆。中国代表团的副团长是外长（武汉大学原校长）王士杰，团员除属无党派的胡霖外，还有中国共产党的董必武和民社党的张君劢。我每日在下榻的旅馆里用早餐，然后就去陪胡老板。中午和晚上我们总是去华人街的杏花楼吃中餐。董必武每餐都同我们一道吃。当时陪董老的还有来自延安的章汉夫和陈家康。席间时而谈重庆，时而交换对美国的观感。董老总是满面春风，可是一件事却确实把他惹火了。

我在燕京读新闻学时，课本上总是讲美国记者在报道时开宗明义第一章就是新闻要真实，不容许虚构捏造。而当时竟有两家美国报纸编造了《董必武访问记》，其中之一还借这位中共领导人之口，大肆攻击苏联。真是令人愤慨！

大会开幕前几天，不断有当地华侨开车陪我们去游旧金山：海滨风光、脱衣舞、同性恋者的剧院，所有他们心目中的“精华”都观赏到了。有一天他们开了两个小时的车请我们去一家名菜馆吃龙虾。当我们正在用心掰皮剥壳之际，餐馆的美国老板跑过来，把一坛贴了红纸的绍兴酒捧到我们桌边，然后双掌合十深打一躬说：原来你们是中国代表团成员光临小馆，请容许我略表敬意。

就在这时，我从事记者生涯以来头一遭抢到一条独家新闻。当苏联代表团团长莫洛托夫向宋子文敬酒时，他说了一句“欢迎中国代表团到苏联来商谈签订中苏友好条约”。老记者胡霖正在旁边，他急忙传给了我，我立即往重庆发了个“特急电”。

四月二十五日下午三时，联合国成立大会在旧金山歌剧院隆重开幕了。请允许我抄录那天下午五点二十分我往重庆《大公报》发的电文：

下午二时，突然落雨，一些政治悲观论者认为是不祥之兆。但会议开幕前，阳光又普照大地，旧金山行政中心显得整洁爽快。会议定四点半开始，三时左右歌剧院中已挤满了人。来自世界各地的一千八百余名记者先入了席，摄影记者们忙着抢有利角度。楼梯口站着担任维持秩序的是着敞领海军服的红十字女郎。在这庄严的歌剧院的台上，是天蓝色的背景，杏黄色的台柱，展示着四十七国的国旗。在深灰色的幕帏下是一张浅黄色的桌子，后边放着四把椅子。铜乐队开始奏乐，曲调轻松愉快。当代表们步入会场之际，记者席也活跃起来。每当灯光一闪，就表示一名要人出场：哈利法克斯、莫洛托夫、宋子文……电影拍摄机声音更加刺耳。四时三十分，音乐戛然而止，身穿军服的美国男女青年迈着稳健自信的步伐步入会场。国务卿斯退丁纽斯偕加州长和旧金山市长步上讲坛，歌剧院中一阵如雷掌声。斯退丁纽斯举起桌上的木槌连敲了三下，全世界集体安全组织的成立大会就这样开始了。

联合国成立大会在旧金山就这样拉开了序幕。

然而会议进入正式议程时，我每日从早到晚坐在记者席上不是旁听大会就是小组。不妙了，一个钟头一个钟头地听下去，听到的却不外一个“争”字。美国恨不得把泛美几十个伙伴全拉进来填满投票机器，而苏联争来争去也只为乌克兰和白俄罗斯争到两个席位。幸好最后拿出拥有否决权的常任理事会办法，不然联合国就真成了美国的御用工具。每逢看到代表争得面红耳赤，拍起桌子时，我就想起萧伯纳在他那《日内瓦》一剧最后写的一句话：人类作为政治动物是无可救药的。

反观人手多、力量雄厚的大通讯社（包括自家的中央社）都要发消息和通讯，我就在征得胡老板的同意之后，利用这段时间索性在全美打了个转儿。

第一站是洛杉矶，而且直奔我向往已久的好莱坞。陪我参观的是一位颇有名气的导演，午餐他邀来一位我不熟悉的女明星（名叫玖恩·费沃尔）共酌。邻桌倒有一位我一望就认得出的倍蒂·戴维思。从那里我又跑到南方重镇休士顿，然后又转到东南的新奥尔良，看到十八世纪白人拍卖黑奴的场所。再经罗斯福的“新政”杰作田纳西大坝，最后来到华盛顿和纽约。体验完美国这支万花筒之后，才赴马里兰搭水上飞机赶回英国：航程二十四小时！

到英国，正赶上英国大选，目睹了在民主制度下，曾经力挽狂澜救了英国的丘吉尔首相的败北。英国人民认为他会打仗，但未必能治战后的英国。工党艾德礼真是个出人意料而又合乎逻辑的选择。

报道完大选，我就又搭机经法兰克福来到战败后的柏林。我踏着威廉街上的瓦砾，来到曾经显赫一时的元首府。希魔的尸首已同情妇伊娃的一道烧成灰了。悬在他那间办公厅里的枝形吊灯上的几十只灯泡早已被念物猎取者揪得一个也不剩了。另一种热门念物是柜里的十字勋章。当年凡杀良民有功者，就颁赏一枚佩戴在军服上去炫耀。

当我踏访住在柏林各角落的中国留学生时，为我开吉普的那个机灵的司机一路当心着还散在街头巷尾的定时炸弹。单干的新闻记者只能在夹缝中找题材。当时我估计欧战打完，国内在柏林有亲人者最关心的莫如他们的安危。所以访查后，我就给重庆报馆发了一个满是人名的电讯，最后只写了句“以上各位都见到了，安好无恙”。后来才知这个电报在重庆刊出后，不少读者给报馆去函电表示赞赏或感谢。我也继独家新闻之后，又一次受到报馆的褒奖。

说到波茨坦会议，我倒也去采访了。巨头们密谈于无忧宫的深处，记者们虽在宫墙之内，可都被关在内宫之外。每天的新闻发布照例是些鸡毛蒜皮的花絮，真格的只能等公报的发表，而那时，举世也就都知晓了。

看看在这里采访油水不大，我又见异思迁了，决定飞往纽伦堡，那里正在把大小战犯集中起来，准备举行公开审判。（看官也许怪我这人急躁，没耐性，老这么东奔西跑。可那时国内在西欧驰骋的只我这么一个记者。我不能陷在一处，不能泡，只能这么东游西荡，尽可能捞到点大通讯社不会去理睬而国内读者会有兴趣的见闻。）

战犯自然也有级别，以戈林为首的甲级战犯共二十四名。我到纽伦堡时，那些纳粹大头目都在秘密审讯中，公开审讯至少得在半年之后。纽伦堡这座古城炸得也成一片瓦砾了。这座审战犯的“司法官”可能是市里唯一比较完整的建筑。大楼共四层，中间是审判厅，犯人都关在两旁侧院。这里有秘密警察头子，有集中营的管理人员和用犯人做试验的“科学家”，自然更有纳粹这个罪恶集团的要犯。在那几步一个岗哨的通道里，是“案卷组”“资料研究室”“审判组”等办公室的牌子。我旁听了几次集中营虐待犹太人的小号战犯的审讯，也从木板缝隙里瞥了一眼大块头的戈林。这位显赫一时、杀人不眨眼的元帅正蹲在草地角上，愁眉苦脸地嘬着一支雪茄。他是在确知逃不掉绞刑之后才服毒自杀的。

坐火车东行，来到纳粹老巢慕尼黑。南欧这座美丽名城也几被炸成废墟。从博物馆的碎砖堆里还可以瞥见希腊石雕的残部。我自然也去了当年纳粹分子聚会的啤酒馆，那可以说是歹徒的发祥地。然后驱车去访问了臭名昭著的达豪集中营。毒气室墙壁上看到死者最后一刻在墙上抓挠挣扎的血痕，焚尸炉也狰狞可怕，害得我当晚怔忡难眠。

在慕尼黑招待所的餐厅走廊里，我碰上一名有辆吉普的美军中士。他正在休假，想开车去巴黎一游。于是，我就当了他的黄鱼。我们跨过多瑙河，沿着阿尔卑斯山岭西行，一天里采访了美国及法国占领区（考察了一下临时军政府，看到两区一富一贫的悬殊），然后穿过意大利北部沿着瑞士边上，经战事痕迹较少的法国东部，来到正在从战争噩梦中苏醒的巴黎。

那是1945年的暮秋。枯叶在这首都路边飞卷着，面黄肌瘦的市民挎着篮子，仆仆风尘地在争购着稀少的食品。

后 记

前后长达十四年的抗日战争，是中华民族历史上最伟大的卫国战争，是中国人民反抗日本帝国主义侵略的正义战争，是世界反法西斯战争的重要组成部分，也是中国近代以来抗击外敌入侵第一次取得完全胜利的民族解放战争。这段充满血与火的中华民族反抗外来侵略的历史，应该被我们深刻地铭记。

如何让我们的读者真切地感受这段距今70多年的历史？由此，我们将视线投向了抗战期间的新闻报道。

新闻报道的最大特性是真实、新鲜、重要，时效性极强。本书精选了30余篇抗战期间的新闻、通讯报道，力图通过这扇窗口，一幅幅地展现中国军民以血肉之躯抗击外敌入侵，誓死保家卫国的壮烈场面。这些采写者们不是依赖已有的现成材料写报道，而是亲自进行调查，深入实地，逼近真相，因此，文章的可信度、现场感和感染力是其他题材无法企及的。今天，重读这些报道，仍旧能使人的灵魂被深深地触动。那个时代的中国人让世界敬畏，那个年代是中华民族反抗外来侵略的历史上不可磨灭的一页。

只有铭记历史，才能深刻了解过去、全面把握现在、正确创造未来。本书所选新闻报道，均摘自国内公开出版物，由于篇幅所限，部分报道作了一些删节。由于所选报道大部分距今已有60余年，语言习惯发生了不少变化，为保持这些报道的原有风貌，在不影响理解的前提下，各篇报道的表述一般不作改动，原文中省略的文字一律用“×”代替。为使读者更好地了解这些报道，编者在每篇报道前加入了背景介绍和作者简介，同时在文章中配以一些当时的新闻图片，使本书的内容更加丰富、充实、生动。

在本书编写过程中，编者查阅并收集了大量文字资料和图片，在此，对所有给予本书关注、帮助和支持的单位和同志，一并表示衷心的感谢。鉴于该书是宣传普及类读物，有些材料的来源、出处等未做详细标注，恳请文章、图片的著作权所有者与出版社联系，以便支付稿酬。由于编写者水平有限，书中难免存在一些不当和不周之处，我们诚恳地期待广大读者提出批评意见。

编　者